Richard Biedermann

Über die Structur der Tintinnen-Gehäuse

Richard Biedermann

Über die Structur der Tintinnen-Gehäuse

ISBN/EAN: 9783743644373

Hergestellt in Europa, USA, Kanada, Australien, Japan

Cover: Foto ©ninafisch / pixelio.de

Weitere Bücher finden Sie auf **www.hansebooks.com**

Aus dem Zoologischen Institut der Universität Kiel.

Ueber die
Structur der Tintinnen-Gehäuse

von

Richard Biedermann
cand. med.

KIEL, September 1892.

KIEL.
Druck und Lith. von Ernst Uebermuth.
1892.

Gelegenheit zur Untersuchung des in vorliegender Arbeit behandelten Materiales wurde mir geboten am zoologischen Institute zu Kiel, im Sommer 1891. Es ist mir ein Bedürfnis, dafür an dieser Stelle dem Director des Institutes, Herrn Prof. Dr. Karl Brandt meinen herzlichsten Dank auszusprechen. Herr Prof. Dr. Brandt war so liebenswürdig, trotz seiner überaus besetzten Zeit mich in das Studium des Planktonmateriales in entgegenkommendster und angenehmster Weise einzuführen und im Einverständnisse mit dem Leiter der Expedition, Herrn Prof. Dr. Hensen, von seinem eigenen Untersuchungsmateriale dasjenige der *Tintinnen* mir zum Zwecke selbständiger Structuruntersuchungen zu überlassen.

Ebenso verbunden wie für das Interesse, welches er meiner Arbeit entgegenbrachte, bin ich Herrn Prof. Dr. Brandt für die aus seiner Privatbibliothek mir zur Verfügung gestellte einschlägige Litteratur.

Im Ferneren fühle ich mich den Herren Dr. C. Apstein und Dr. H. Lohmann sehr verpflichtet für die Beschaffung mir höchst erwünschten lebenden Planktonmateriales.

Ueber die Structur der Tintinnen-Gehäuse

(mit 3 Tafeln)

von

Richard Biedermann, cand. med.

Bei der Untersuchung des von der deutschen Plankton-Expedition gesammelten sehr reichen Materiales an *Tintinnen* wandte ich meine besondere Aufmerksamkeit zunächst den für die Systematik unentbehrlichen Gehäusen zu. Dabei fand ich in so manchen Punkten Ergänzungen zu den bisher bekannten Structur- und Formeigentümlichkeiten der *Tintinnen*-Gehäuse, dass ich die wesentlichsten Ergebnisse im Nachfolgenden zusammenfassen und mitteilen werde.

Der Vergleichung wegen mussten neben den bereits bekannten Formen auch eine Anzahl neuer berücksichtigt werden, welche Zwischenformen oder besonders interessante Vertreter gewisser Typen darstellen. Die ausführliche Beschreibung aber und die faunistische Verwertung der gesammten Befunde bleibt dem einschlägigen Abschnitte des Plankton-Werkes vorbehalten.

In dem am Schlusse dieser Abhandlung zusammengestellten Litteraturverzeichnisse habe ich alle mir bekannt gewordenen Arbeiten über *Tintinnen* chronologisch zusammengestellt. Für die Förderung der Kenntnis der Structurverhältnisse und der Arten sind bei weitem am wichtigsten die Arbeiten von Claparède & Lachmann, Fol, Entz, Daday, Bütschli. Nächst dem sind noch hauptsächlich zu erwähnen die Arbeiten von Häckel und Möbius.

Die historische Entwicklung unserer Kenntnis der hier in Betracht kommenden Verhältnisse ist in den zusammenfassenden Werken von Daday und Bütschli in so eingehender Weise behandelt, dass ich, um überflüssige Wiederholungen zu vermeiden, auf diese Werke verweise. Nach denselben sind nur einige kleinere, vorzugsweise faunistische Beiträge erschienen, unter denen für den vorliegenden Zweck nur derjenige von Möbius in Betracht kommt.

Da ich vorläufig von der Aufstellung eines eigenen Systemes Abstand nehme, andererseits aber keinem der bisher aufgestellten mich unbedingt anschliessen kann, so gruppire ich die im nachfolgenden beschriebenen Arten um besonders geeignet erscheinende Typen.

I. Gruppe: Dictyocysta.

Hier beschreibe ich vorerst nur drei Formen, wovon die ersten zwei sicher nahe verwandt sind, die dritte ziemlich scharf getrennt erscheint; nämlich

1. Dictyocysta templum Häckel.
2. Dictyocysta elegans pp. Möbius.
3. Dictyocysta elegans s. str. Ehrenberg.

Diese drei Formen sind zwar von Möbius (I. pag. 119) zusammengefasst zu einer Art, welcher er den Namen *Dictyocysta elegans* beilegt. Ich muss es vorläufig noch offen lassen, ob diese Zusammenfassung nicht etwas zu weitgehend ist.

I. Dictyocysta templum Häckel.
(Daday pag. 558.)

Betrachtet man das Gehäuse von *Dictyocysta templum* bei schwacher Vergrösserung, so bemerkt man, dass dasselbe aus einem etwa halbkugeligen, meist mit einer kleinen Spitze versehenem Wohnfach und einem ungefähr gleich langen cylindrischen Aufsatz besteht. Die doppelschichtige Wand beider Teile scheint von grösseren und kleineren Löchern durchbrochen. So nahm denn auch Häckel (pag. 564) eine wirkliche Durchbrechung der Schale an; ebenso Entz (2. pag. 209), welcher die feineren Gitterlöcher als Tüpfelporen und die etwa in der Mittelzone des Wohnfaches, gewöhnlich vorkommenden grösseren als Maschenlöcher oder Zonallöcher bezeichnete. Auch Fol (2 pag 57) glaubt, nachdem er Flüssigkeiten ungehindert durch jene Stellen diffundiren sah, ein Offensein derselben, wenigstens am Aufsatz, annehmen zu müssen; hingegen hält er ebenso wie Daday die Wand des Wohnfaches für undurchbrochen. Daday meint, dass in der Mitte der Entz'schen Maschenlöcher die zwei Schichten der Wand aufeinander liegen, was dann bei Betrachtung von der Seite den Anschein von wirklichen Löchern erwecken könnte.

Meine Untersuchungen, welche ich grösstenteils mit einer vorzüglichen Seibert'schen homogenen Immersion ausführte, veranlassen mich zu folgenden Annahmen: Die Wand des Wohnfaches ist — unversehrter Zustand des Gehäuses vorausgesetzt — wie Fol und Daday annehmen, geschlossen. Ich spreche daher nicht von Löchern, sondern von Fenstern. Auch von dem Vorhandensein von Tüpfelporen (Entz 2 pag. 209) konnte ich mich nicht überzeugen, obgleich ich die Erscheinung sogenannter Tüpfel öfters beobachtete; ich bringe diese aber mit dem Auftreten einer unten zu erwähnenden äusseren Hüllhaut am Gehäuse in Zusammenhang.

Die Zahl der grossen meist etwas hinter dem grössten Umfange des Wohnfaches angeordneten Fenster schwankt gewöhnlich zwischen 6 und 9; es kommen aber auch weniger, öfters auch gar keine besondere Fenster vor. In letzterem Falle ist eben das ganze Wohnfach in ziemlich gleich grosse, polygonale, meist sechseckige Hauptfelder resp. Fenster geteilt, zwischen welchen eventuelle Lücken von dem sonst an Flächeninhalt überwiegenden kleinmaschigen Zwischengewebe ausgefüllt werden.

Zwischen den beiden Extremen giebt es nun eine grosse Menge von regelmässig und unregelmässig gebauten Zwischenformen. Nicht selten sind die grossen Fenster ganz unregelmässig zerstreut, zu 4, 5 oder mehr zu einem Complex zusammengedrängt, während das übrige Wohnfach keines aufweist. Bisweilen sind zwei aneinanderstossende Ringe von Zonalfenstern vorhanden.

Je kleiner die Anzahl der Hauptfenster desto grösser sind gewöhnlich dieselben. Am vorderen Dritteile des Wohnfaches sind grosse Fenster recht selten und ist die Bezeichnung „Zonal" (Entz) daher eine im allgemeinen sehr gute, nur möchte ich statt Zonallöcher die Bezeichnung Zonalfenster vorschlagen.

Der Aufsatz besteht, wie ich fand, aus 5—9, gewöhnlich 7 oder 8 parallelen Stäben, die einen meist doppelten, über der Verbindungsstelle mit jenen Tragsäulchen sanft eingebogenen Ringsaum tragen. Die Stäbe und der eine, direct aus den Stäben entspringende, resp. dieselben verbindende Teil des Ringsaumes zeigen eine feine, regelmässig hexagonale Reticulation. Die hexagonalen Felder sind von der Grösse, dass 2—3 derselben auf die Höhe des ersten Ringteiles oder die Breite eines Stabes gehen. Die Anzahl derselben in einer Umfangslinie des Saumes mag etwa 120—140 betragen; ihre Grösse ist nämlich etwas wechselnd.

Der eigentliche Mündungssaum des Aufsatzes aber wird durch einen zweiten bedeutend zarteren Ring dargestellt, welcher dem eben beschriebenen unmittelbar aufsitzt. Die Structur desselben ist sehr schwer zu erkennen; scheint übrigens der erwähnten ähnlich zu sein.

Die Höhe beider Ringteile ist bei *Dict. templum* die gleiche; ebenso bei der anschliessend zu beschreibenden *Dict. elegans* pp. Möbius, während bei *Dict. elegans* Ehrenberg der eigentliche Saum bedeutend schmaler ist. (siehe unten).

An der Stelle wo der hintere Ringsaumteil in die Stäbe sich fortsetzt, sind diese etwas verbreitert und biegen sich ein wenig nach aussen; dann verlaufen sie ziemlich genau in der Wand eines Cylindermantels, unter sich parallel, bald senkrecht, bald etwas schief gegen den vorderen Rand des Wohnfaches gerichtet; und unter abermaliger schwacher Verbreiterung münden sie in denselben ein. Dabei findet oft wiederum eine geringe Verjüngung des gedachten Cylindermantels statt.

Nicht selten stellte es sich heraus, dass die oben beschriebenen Partien nicht die einzigen Wandteile des Aufsatzes waren; derselbe bestand vielmehr aus einer vollständig geschlossenen Wand und es repräsentirten die vermeintlichen fensterartigen Löcher nur die zart und äusserst durchsichtig gebliebenen Teile der Aufsatzwand. In einigen Fällen konnte ich auf denselben sogar deutlich eine sehr feine Structur erkennen, die auf sehr engmaschige Reticulation zurückzuführen war. Bei einem Exemplar von *Dictyocysta elegans* Ehrenberg fand sich, was ich des Vergleiches wegen hier schon erwähne, am ganzen Gehäuse incl. Aufsatzfenster eine zweischichtige, ausserordentlich feine Kammerung vor, die auch im optischen Querschnitte wahrzunehmen war.

Eine solche feine Kammerung der Wand bildet auch bei allen erwähnten Variationen der gröberen Verhältnisse am Wohnfache die zu Grunde liegende feinere Structur; sämmtliche Wandteile des Gehäuses, die durchsichtigeren Fenster des Wohnfaches sowohl wie die dichter erscheinenden Partien zwischen denselben, zeigen auf der Oberfläche die nämliche feine Reticulation wie die beschriebenen Aufsatzteile, als Ausdruck der zwischen den beiden Grenzlamellen befindlichen Kämmerchen oder Waben. Relativ deutlich sieht man dies bei Anwendung gewisser Färbungen.*)

Die oben beschriebenen Variationen der gröberen Structur hängen nur davon ab, wie die kleinen Querwände ausgebildet sind, welche die Grenzlamellen der Gehäusewand verbinden. Sind dieselben innerhalb rundlicher oder polygonaler Flächenpartien des Wohnfaches sehr zart, während sie in den übrigen Partien Verdickungen aufweisen,**) so entstehen eben für unser Auge jene unstructurirt oder gar durchbrochen scheinenden Fenster.

---

*) Ich habe dazu mit Pikrin- und Essigsäure versetzte Fuchsinlösung angewandt, nachdem sich eine Reihe anderer Mischungen als ungeeignet erwiesen hatten. Da sich die Gehäuse der verschiedenen Tintinnen-Gruppen ungleich stark färben, so lasse ich einige derselben hier nach dem Grade der Farbannahme in einer Reihe folgen, wobei ich zum Vergleiche auch einige andere Angehörige des Planktons einbeziehe, welche ich ebenfalls mit genannter Farbe gefärbt habe:

1. Arthropoden (Skelette.)
2. Cytt. cassis, Codonella, Dictyocysta; Climacidium.
3. Coscinodiscus - Arten (Coscinodiscus sol, Wallich) (abgesehen vom Plasma färben sich am intensivsten die Scheibenstrahlen, nur schwach die Substanz der übrigen ganzen Scheibenfläche.
4. Streifentintinnen.
5. Asteromphalus - Arten; Corethron hystrix Hensen. (Stacheln.)
6. Heimiaulus - Arten; Pyxilla- Arten; Peridineen.
7. Rhizosolenien.
8. Lanzentintinnen.
9. Undella hyalina Daday.
10. Undella Claparèdei Daday.

**) Durch die verschiedenen Grade an Dicke und die Richtung der Verdickungen werden die oft prachtvollen secundären Polygonalfiguren bestimmt. Diese letzteren sind es meist nur, welche von anderen Forschern berücksichtigt worden, während die feine Grundreticulation weder bei den Dictyocysten, noch bei den Codonelliden und manchen anderen Tintinnen beobachtet worden ist.

Die subjective Erscheinung von Löchern wird dadurch noch intensiver zum Ausdruck gebracht, dass an den Stellen stärkerer Ausbildung der Querwändchen die äussere Grenzlamelle der Schale sich etwas emporhebt.

Wenn ich nun in vielen Fällen mit voller Sicherheit von dem Geschlossensein der grössten Fenster mich überzeugt habe, so fand ich doch andererseits Exemplare, bei denen die Gehäusewand an den entsprechenden Stellen wirkliche Lücken resp. Löcher aufwies. Diese Erscheinung ist wohl — wenigstens teilweise — durch mechanische Insulte zu erklären; denn bisweilen sieht man an solchen offenen Fenstern noch Ueberreste einer ursprünglichen Fensterlamelle. Beschädigungen sind die zarten Wandpartien der grösseren Fenster selbstredend weit mehr ausgesetzt, als diejenigen der kleineren. Letztere sind übrigens schon des geringeren Umfanges wegen widerstandsfähiger.

Nach der Betrachtung des eigentlichen Gehäuseteiles von *Dictyocysta templum* gehen wir in Folgendem noch über auf die teilweise etwas abweichenden Verhältnisse von

2. Dictyocysta elegans pp. Möbius

(Möbius 1. Taf. VIII Fig. 28 und 29.) Taf. I Fig. 1 und 2.

Die äusseren Dimensionen stimmen ziemlich genau mit denjenigen von *Dict. templum* überein; doch ist das Gehäuse meist etwas schlanker, was im betreffenden Falle hauptsächlich durch die grössere Höhe des Aufsatzteiles und die weniger starke Rundung des Wohnfaches erreicht wird. Seltener finden sich auch Exemplare, deren Gehäusedimensionen mit denen von *Dictyocysta templum* vollständig congruent sind. Denken wir uns durch das vorne ziemlich stark verjüngte Wohnfach einen grössten Längsschnitt gemacht, so erscheint derselbe hier mehr dreieckig, wobei seine grösste Breite etwa in den vorderen Fünfteil fällt; nach hinten rundet sich das Wohnfach sanft ab, um schliesslich noch eine ganz kleine kurze Spitze zu bilden.

Die Zonalfenster, wenn typisch ausgebildet, sind länglich polygonal oder eiförmig. Ihr oberer, d. h. gegen den Aufsatz gerichteter Teil ist entsprechend der Erweiterung des Wohnfaches breiter als der untere. Meist liegen diese grossen Zonalfenster auch bei unregelmässiger Ausbildung unmittelbar hinter der oben erwähnten Zone des grössten Umfanges des Wohnfaches.

Im übrigen ist die Structur sämmtlicher Wandteile genau dieselbe wie bei *Dict. templum;* auch kommen vollständig analoge Variationen vor.

Der Hauptunterschied zwischen beiden Formen liegt in der verschiedenen Ausbildung des Aufsatzes. Die Tragbalken desselben sind nämlich hier nicht freie Säulchen wie bei *Dict. templum,* sondern durch meist regelmässig schief

(Taf. III Fig. 6; 11a), öfters aber auch senkrecht zu ihnen stehende Zwischenbalken mit einander in Zusammenhang (Taf. III Fig. 11b). Wo diese Zwischenträger in die Hauptträger einmünden, sind sie gewöhnlich um ein Geringes verbreitert, so dass ganz scharfe Winkel vermieden werden. Die Hauptträger erleiden dabei ungefähr im ersten Dritteile ihres Verlaufes eine seitliche Abknickung von etwa 30^0, um im letzten Dritteile wieder in der früheren Richtung zu verlaufen. In den Fällen jedoch, wo die Zwischenbalken senkrecht zu den Hauptträgern stehen und von beiden Seiten dieselben ungefähr im nämlichen Punkte treffen, nimmt man nur eine höchst geringe oder gar keine Abknickung des Mittelstückes wahr. Denn durch die letztere Art der Verbindung ist jeder Hauptträger an der Einmündungsstelle der Zwischenstützen je durch die eine der letzteren vor dem Drucke oder. Zuge der anderen geschützt. Taf. III Fig. 11b.*)

Durch das eben beschriebene Verhalten des Aufsatzgerüstes sehen wir also bei dieser *Dictyocysta* zwei Reihen von grossen Aufsatzfenstern entstehen. Die Zahl derselben in einem Ringe beträgt entsprechend der Zahl der Stäbe 7—9. Ihre Form ist gewöhnlich die eines unregelmässigen Fünfecks mit etwas abgestumpften Ecken. Am oberen Fensterringe fällt natürlich je eine Seite dieser Fünfecke in den Mündungssaum und vom unteren Fensterringe in den oberen Wohnfachsaum.

Träger und Zwischenträger und Mündungssaum des Aufsatzes zeigen die gleiche feine Reticulation wie oben bei *Dictyocysta templum* beschrieben.

Da nun beim einzigen wesentlich sich unterscheidenden Gehäuseteile beider Formen, dem Aufsatze, eine ganze Zahl frappanter Zwischenformen und zwar nebeneinander vorkommt, so halte ich mit Möbius *Dictyocysta templum* Häckel und *Dictyocysta elegans* pp. Möbius für Varietäten derselben Art.

Besonders bestimmend für obige Annahme war für mich die Entdeckung solcher Exemplare, bei welchen ein Teil der Aufsatzstäbe durch Zwischenstäbe untereinander verbunden, die anderen aber frei sind. (Taf. III. Fig. 7 und 8.) Die Seltenheit solcher Exemplare kann ihre Bedeutung nicht beeinflussen.

Weitere Unregelmässigkeiten des Aufsatzes beim Typus *Dict. elegans* pp. Möbius bestehen z. B. darin, dass ein Zwischenstab von einem Hauptträger nicht in normaler Höhe (Taf. III Fig. 10) abgeht, oder den benachbarten Hauptträger nicht an normaler Stelle, oder auch gar nicht trifft, in welch letzterem Falle er in den Rand des Wohnfaches einmündet. (Taf. III Fig. 9).

Auch kommt es vor, dass die Balken an irgend einer Mündungsstelle sich verbreitern und dann selber kleine Fenster zeigen.

---

*) Anmerkung. Taf. III. Fig. 11a und b stellen die beiden Hälften eines Exemplares dar, bei dem schiefe wie senkrechte Zwischenträger vorhanden waren.

3. Dictyocysta elegans s. str. Ehrenberg

(Daday pag. 586) Taf. III. Fig. 3.

Dictyocysta elegans Ehrenberg zeigt häufiger vollständiges Geschlossensein sämmtlicher Fenster, auch des hier nicht scharf vom Wohnfache unterscheidbaren Aufsatzes.

Die Fenster sind in der Form und Grösse ziemlich variabel. Ein und dasselbe Exemplar zeigt bisweilen rundliche, fünfeckige und sechseckige Fenster, die am ganzen Wohnfache ungefähr gleich gross sein können. Die Zahl der Aufsatzfenster fand ich schwankend zwischen 6 und 8, meist waren es 7; über der grössten Breite des Wohnfaches, die etwa in der Mitte der Gehäuselänge liegt, 9—11. Selten ist da und dort zwischen die im allgemeinen sehr regelmässig angeordneten Hauptfenster noch ein kleines eingeschaltet. Bemerkenswert in dieser Beziehung sind solche Formen, bei welchen zwischen dem vordersten und zweiten Hauptfensterkreise ein solcher von gleich vielen bedeutend kleineren sich findet, wodurch das Gehäuse gerade über seiner breitesten Stelle erheblich an Stärke gewinnt. Im allgemeinen lässt sich sagen, dass die Fenster gegen die Spitze des Wohnfaches zu etwas an Grösse abnehmen.

Die Reticulation des Gehäuses ist sehr fein und meist nur undeutlich wahrzunehmen. Einen Fall, in welchem dieselbe über sämmtlichen Gehäusefenstern sehr schön zu sehen war, erwähnte ich schon. (Taf. III Fig. 5). Allerdings habe ich auch bei dieser Form Exemplare gefunden, bei welchen zweifellos die Wand an der Stelle der Fenster durchbrochen war.

Allein auch in diesen häufigen Fällen, wo Aufsatz und eventuell Wohnfach an der Stelle der Fenster durchbrochen sind, stellt sich das Gehäuse in Bezug auf das Tier als physiologisch geschlossen dar, und zwar aus folgendem Grunde:

Das Tier der drei beschriebenen *Dictyocysten* besitzt, wie ich fand, eine vollständige Hüllmembran (Taf. III s. Fig. 4), welche erstens an der Spitze, zweitens aber rings an der Innenwand des Wohnfaches dicht unter dem Ursprung des Aufsatzes befestigt ist und sich von da an in einen, auch von Entz bei *Dictyocysta templum* gefundenen Schliessapparat direct fortsetzt. Streckt sich das Tier vor, so schliesst sich, falls die Fenster offen, die Haut demselben durch den negativen Druck seitlich an, während gleichzeitig der vordere faltige, kraterähnliche Schliessteil sich ausweitet, ja unter Umständen zum vollständig glatten Cylinder ausgebreitet wird, an die Innenwand des Aufsatzes sich andrückend. Zieht sich das Tier zurück, so faltet sich der Schliessteil in gewöhnlich 9—12 Falten über demselben nach und nach zusammen (Taf. III Fig. 1), um, wenn das Tier wieder contrahirt ist, dasselbe wie ein faltiges Zeltdach als Schutz zugleich gegen unwillkommenes Eindringen von Wasser wie gegen Feinde zu bedecken. Gleichzeitig drückt sich die im Wohnfach gelegene eigentliche Hüllmembran an die Innenwand des Gehäuses glatt an.

Die Membran des Schliessteiles scheint aus abwechselnd festeren und weniger festen, in der Längsrichtung parallel verlaufenden Partien zu bestehen, die ihr eine gewisse Steifheit trotz ihrer Biegsamkeit verleihen. Dieser Umstand und die ringförmige Fixirung am basalen Randteile des Wohnfaches verhindern ein ungeordnetes Einsinken des Schliessteiles gegen das Wohnfach oder auf das Tier, was nicht nur für letzteres seine Unbequemlichkeiten hätte, sondern auch ein ordentliches Wiederentfalten nur unter besonders günstigen Verhältnissen erlauben würde.

In einigen wenigen Fällen schien es mir, als ob, — wie Entz erwähnt — der Schliessapparat nicht aus einer zusammenhängenden Membran, sondern aus 10—12 dreieckigen Blättchen bestände. Da indessen die Membran ausserordentlich durchsichtig, schwer zu färben und ohne vorläufig nachweisbare Structur ist, so glaube ich auch in jenen seltenen Fällen den Zusammenhang der betreffenden Schliessteilpartien nur übersehen zu haben und wäre somit Fol (2. pag. 42) mit seiner Beschreibung des Schliessteiles, sowie ich dieselbe wenigstens verstehe, der Wirklichkeit näher gekommen als Entz (1. pag. 404; 2. pag. 204). Taf. III Fig. 2 habe ich dargestellt, wie sich an einem Exemplar der Schliessapparat von oben gesehen bei 6 verschiedenen Einstellungen repräsentirte. Die unzusammenhängende Strichserie No. 6 stellt die höchste Einstellung — auf die hohen Faltenkanten — dar.

Bisweilen konnte ich bei *Dictyocysta elegans* und *Dictyocysta templum* eine, das Gehäuse in einigen Fällen bis an den Mündungsrand straff umspannende äussere Hüllmembran erkennen, über deren Natur ich noch nicht in Klarheit gekommen bin.

Ich fand sie bei einer ganzen Anzahl anderer *Tintinnen*-Schalen ebenfalls und werde derselben bei den betreffenden Arten näher Erwähnung thun.

Beim Vorhandensein dieser Haut bemerkte ich öfters über einer Anzahl oder allen mittelgrossen und kleineren Fenstern des Wohnfaches rundliche oder elliptische blasige Gebilde, die ihre Entstehung dem Umstande zu verdanken schienen, dass zwischen der äusseren Grenzwand des Wohnfaches und der sonst eng anliegenden, eben erwähnten Hüllhaut an der Stelle der Fenster (jedoch niemals der grössten) irgend eine Flüssigkeit oder ein Gas eingedrungen war und die Hüllhaut etwas hervor gedrängt hatte. Diese Erscheinung verschwand regelmässig, wenn die Präparate längere Zeit in verdünntem Glycerin gelegen hatten oder für den Einschluss in Canadabalsam behandelt wurden. Nach

Verlust oder Wegnahme der äusseren Haut sahen diese ursprünglich schön getüpfelten Wohnfächer genau wie alle anderen aus; ich glaube daher, dass diese stark in's Auge fallenden, blasigen Gebilde den von Entz und Häckel beschriebenen Tüpfeln entsprechen.

Wenn ich schliesslich das Resultat meiner neuen Befunde über *Dictyocysta* zusammenfasse, so lässt sich kurz Folgendes constatiren:

Die ganze Gehäusewandung ist in manchen Fällen völlig geschlossen, d. h. undurchlöchert; sämmtliche Wandteile auch des Aufsatzes sind ganz fein reticulirt und zwar nach dem hexagonalen Typus. Das Tier der oben behandelten *Dictyocysten*-Formen besitzt meistens ausser dem Gehäuse noch eine zweite Schutzhülle, nämlich eine der Innenwand des Wohnfaches anliegende, an gewissen Stellen fixirte Hüllmembran; der oberste Teil der letzteren bildet den Fol'schen Schliessapparat.

Manchmal findet sich auch eine das Gehäuse bis zum Mündungsrand umgebende äussere Hüllhaut vor, von welcher sich noch nicht feststellen liess, ob sie am neuen Gehäuse immer vorhanden oder erst nachträglich da und dort entstanden sei.

Zum Schlusse sei noch bemerkt, dass das Gehäuse der *Dictyocysten* wie der übrigen *Tintinnen* nicht oder nur zum geringsten Teile aus Kieselsubstanz besteht und sich in dieser Beziehung sowohl Häckel wie Bütschli im Irrtume befinden.*)

---

*) Schon Fol hat es durch seine chemischen Untersuchungen wahrscheinlich gemacht, dass die eigentliche Schale aus einer Chitin- ähnlichen Masse besteht. Ich habe seine Versuche, soweit es das Material mir vorläufig gestattete, wiederholt und ein ähnliches Resultat erhalten. Ferner habe ich bei stufenweisem Erhitzen den Verkohlungs- resp. Verbrennungsprozess verfolgt und dabei gefunden, dass manche Tintinnen - Schalen ganz, die der Dictyocysten grösstenteils aus organischer Substanz bestehen müssen.

II. Gruppe. Codonella.

I. Codonella annulata Claparède & Lachmann.

(Daday pag. 571.)

Das Gehäuse zerfällt in Wohnfach und Aufsatzteil. Das Wohnfach hat ungefähr die Gestalt einer plumpen Vase. Der ziemlich lange Spitzenteil ist, was bisher noch niemand berücksichtigt hat, durch eine Querwand gegen das Wohnfach abgeschlossen. An dem vasenförmigen Hauptteile des letzteren lassen sich ein nicht immer ganz regelmässig geformter Hauptteil und ein engerer, für sich selbst wieder etwas ausgebuchteter kurzer Halsteil unterscheiden; dieser erst setzt sich in den eigentlichen Aufsatz fort. Die feinere Wandstructur des gesammten Gehäuses ist bisher unvollkommen beschrieben, die des Aufsatzes gänzlich übersehen worden.

Das ganze Wohnfach hat eine Wand von meist ziemlich ungleicher Dicke, die aus sehr kleinen Kämmerchen besteht und innen mit glatter Oberfläche versehen ist, während die Aussenseite mannigfache kleine Unebenheiten zeigt. Im Querschnitte der Wand finden sich an den dünnsten Stellen gewöhnlich noch zwei dieser Primär-Kämmerchen oder Primär-Waben, — wie ich diese kleinsten Bauelemente der Bequemlichkeit wegen nennen will; — an den dicksten Stellen gegen den Aufsatzteil hin kann ihre Zahl auf über 6 anwachsen.

Manchmal ist das Wohnfach nebst Spitze sehr gleichmässig fein reticulirt, indem die Unterschiede in der Wanddicke der Primär-Waben dann nur klein sind, aber um so zahlreichere Kammerwände an einer geringen Verdickung teilnehmen. Es erfolgt die letztere netzartig in solchen Richtungen, dass kleinere rundliche oder deutlich polygonale Flächencomplexe zartwandiger Primär-Waben von etwas verdickten Wandzügen begrenzt werden. — So bildet sich ein secundäres netzförmiges Verstärkungssystem oder Stützwerk zwischen den beiden Grenzlamellen. In anderen Fällen wiederholen sich diese Verstärkungen stellenweise und mehr oder weniger regelmässig in einem weiteren Grade, so dass, weil die Primärkammerwände schwer zu sehen sind, die secundären Figuren leicht als das Grundmaschenwerk, die Figuren dritten Grades aber als secundäre Structuren erscheinen.

Da nun die Wand an den Stellen, wo die Primär-Waben zart geblieben, höchstens zwei Lagen solcher übereinander zeigt, an der Stelle der Verstärkungen aber gewöhnlich auch eine Mehrschichtung gleich grosser Kammern stattfindet und die innere Grenzlamelle der Gehäusewand nirgends locale Ausbiegungen aufweist, so ist die äussere Grenzlamelle zwischen den Secundärrippen mehr oder weniger vertieft.

In einigen Fällen tritt dies besonders deutlich hervor und erscheint dann die ganze äussere Wandfläche nebst Spitze mit regelmässigen, bald mehr rundlichen, bald mehr hexagonalen, erhöhten Ringzügen versehen, welche ebenfalls aus Waben aufgebaut sind. — Das Wohnfach hat mitunter grössere durchscheinende Zonal-Fenster von manchmal kreisrunder Form, indem eben, wie schon früher bei *Dictyocysta* erwähnt, gewisse scharf umschriebene Partien der Wand ausserordentlich zart sind. Die Zahl dieser Fenster an den von mir beobachteten Exemplaren schwankt zwischen 2 und 9. Nicht selten sind dieselben unregelmässige Drei- oder Vielecke, und ohne Symmetrie über das Wohnfach verteilt. Solche unregelmässige, sehr hell scheinende, manchmal zu zweien oder dreien aneinander liegende Fenster sehen auf den ersten Blick nicht selten ganz wie eingelagerte Fremdkörperchen aus; bei näherer Betrachtung gelingt es aber fast immer, den richtigen Sachverhalt festzustellen.

In seltenen Fällen habe ich Auflagerung weniger kleiner Fremdkörperchen am Wohnfache von *Cod. annulata* gesehen, ein Mal auch an der Spitze.

Die Spitze zeigt, wenn auch etwas unregelmässiger und einfacher ausgebildet, die Structur des zugehörigen Wohnfaches. Von dessen Lumen ist ihr Hohlraum, wie oben schon berührt, durch eine concav das Wohnfach begrenzende Querwand abgetrennt. Diese Querwand ist eine Eigentümlichkeit der *Codonelliden*-Gruppe. Sie lässt sich vielleicht dadurch erklären, dass nachträglich bei dem Wachstum eines längeren Aufsatzteiles das Tier gewöhnlich ziemlich weit vorn im Wohnfach sich ansetzt, worauf das Lumen der Spitze in dieser Hinsicht überflüssig wird und die Abschliessung gegen das Wohnfach erfolgt. Dann bildet der Spitzenteil gewissermassen eine grosse Hohlkammer für sich.

Es stellt sich die Querwand als eine gewöhnlich ziemlich dünne, einschichtig, selten zweischichtig gekammerte Lamelle dar, welche nach oben, resp. vorne an der Innenwand des Wohnfaches noch eine Strecke weit zu verfolgen ist. (Taf. III Fig. 12).

Häufig ist die Spitze etwas schief verlaufend oder verkrümmt.

Es ist begreiflich, dass viele Möglichkeiten zu Variationen in der äusseren Erscheinung dadurch gegeben sind, dass die Wohnfachwand fast überall mehrschichtig ist, wobei die eventuellen Secundärfiguren der einzelnen Schichten mehr oder weniger ausgebildet, und mehr oder weniger untereinander zusammenfallend sein können. Angesichts dieser Verhältnisse ist die Veränderlichkeit bei *Cod. annulata* noch eine sehr beschränkte, während sie, wie oben gesehen, bei den eine, höchstens stellenweise zwei Wabenlagen aufweisenden *Dictyocysten*, sowie bei unten zu beschreibenden kleineren *Codonella*-Arten eine viel grössere ist und auch häufiger zu prachtvollen symmetrischen Secundärfiguren führt.

Die bräunliche Farbe der dicker gebauten Wohnfächer ist oft derart hervortretend — allerdings bei conservirtem Material, — dass letztere fast undurchsichtig werden, während die zarter gebauten einen grauen, glasigen Ton aufweisen.

Bisweilen fand ich in den dickeren Wohnfächern in der Wand kleine (parasitäre?) Cysten, die eine lebhaft sich färbende Plasmakugel enthielten.

Den eigentlichen Aufsatzteil des Gehäuses sehen wir am Wohnfache mit ziemlich scharfer Absetzung derart entspringen, dass der plötzlich sich etwas verjüngende Wohnfachhals sich in eine dünnwandige, cylindrische oder sich sanft trichterförmig erweiternde Röhre fortsetzt. Dieselbe besteht nicht aus homogener Substanz wie Häckel (pag. 566) angiebt. Wir sehen vielmehr, abgesehen von den von Häckel erwähnten Querringen, ein aus mehreren Lagen bestehendes feines Netzwerk von ganz ausserordentlich regelmässigen, hexagonalen Maschen; es findet sich also hier, wie beim Wohnfache, eine mehrschichtige Kammerung, nur weit zarter und exacter geordnet. Der ganze Aufsatz ist durch mehr oder weniger hervorspringende Querringe in Cylindersegmente gegliedert, deren Anzahl, wie mir scheint, der Länge des Aufsatzes proportional ist, und zwischen einigen wenigen bis ca. 24 schwankt. Die vordersten, verkürzten Segmente sind derart nach aussen gestellt, dass eine leichte Randkrempe entsteht. Die Zahl der kleinen hexagonalen Felderchen in der Höhe eines mittleren Segmentes beträgt 6—9, in der Umfangslinie wohl 180. Im Querschnitte des Aufsatzes finden wir zwei oder drei Kämmerchen über einander, an den drei oder zwei letzten Segmenten jedoch öfters eins mehr, also 3 resp. 4.

Auch bei *Cod. annulata* fand ich in einigen Fällen jene dünne, schon bei den *Dictyocysten* erwähnte, das Gehäuse von der Spitze bis zum Mündungsrand straff überspannende, äussere Hüllhaut.

Einen Schliessapparat konnte ich bei den mit erwähntem Aufsatz versehenen Exemplaren bis jetzt nicht finden, doch ist das vielleicht nur dem Umstande zuzuschreiben, dass an der Stelle, wo er sich wohl befinden müsste, d. h. also im Halsteile des eigentlichen Wohnfaches, die Beobachtung dadurch erschwert wird, dass dort die Wand ihre grösste Dicke aufweist.

2. Codonella amphorella n. sp.
Taf. II. Fig. 1.

Eine Ueberleitungsform von *Cod. annulata* Claparède & Lachmann zu den unten zu erörternden, mit *Dict. polymorpha* Entz verwandten Formen bildet die Taf. II Fig. 1 abgebildete neue Art aus dem Expeditionsmateriale, für die ich den Namen *Codonella amphorella* vorschlage.

Das Gehäuse derselben sieht in Form und Structur ungefähr aus wie ein dünnwandiges Gehäuse von *Codonella annulata,* welchem der geringelte Aufsatz abgebrochen ist resp. fehlt. Es setzt sich das rundliche Wohnfach in einen etwa halb so langen Halsteil fort, wobei an der Uebergangsstelle eine ziemlich starke Verjüngung stattfindet. In der ersten Hälfte seines Verlaufes erweitert sich derselbe trichterförmig, um dann ziemlich plötzlich sich wieder mehr oder weniger stark gegen den Mündungssaum zu verengern, jedoch so, dass der Umfang des letzteren nicht kleiner als der Umfang der Halseinschnürung ist. Nach hinten endigt das becherförmige Gehäuse in eine hohle, oft schiefe, oft gerade Spitze von variabler Länge.

Der Hohlraum dieser Spitze ist ähnlich wie bei *Codonella annulata* durch eine Wand vom Hohlraume des Wohnfaches getrennt; jedoch findet diese Abtrennung oft erst so tief in der Spitze statt, dass diese durch die Querwand in einen kürzeren, noch dem Wohnfach zuzurechnenden und in einen längeren eigentlichen Spitzenteil zerfällt.

Was die Structur anbelangt, so besteht das Gehäuse bei den dünnwandigeren Exemplaren aus einer einzigen Schicht von Primär-Waben, zwischen deren Querwänden secundäre Verstärkungszüge ausgebildet sind; daher nehmen wir denn auch, wenn wir die Wand von der Oberfläche betrachten, ein mehr oder weniger zusammenhängendes, secundäres Maschenwerk wahr, welches am Wohnfache unregelmässig geformte Fenster zeigt. Dieselben entstehen auch hier dadurch, dass die zwischen den Grenzlamellen verlaufenden Verstärkungszüge etwas grössere Complexe unverdickter Waben einschliessen. Bei den dickwandigeren Exemplaren sind stellenweise zwei Lagen von Kammern übereinander.

Ferner sah ich an den meisten Exemplaren einen ähnlichen Schliessapparat wie bei *Dictyocysta,* der innen an der Halseinschnürung des Gehäuses fixirt war und sich wiederum in eine bis gegen den Grund des Wohnfaches zu verfolgende, der Wand des letzteren anliegende Membran fortsetzte.

Von Fremdkörperauflagerung war nichts zu bemerken. — Dimensionen: Länge ca.: 0,09 mm, ohne Spitze 0,065 mm; Breite: 0,05 mm.

3. Codonella polymorpha pp. Entz
Taf. II. Fig. 2.

Im Expeditionsmateriale reichlich enthalten ist eine *Codonella*-Art, welche mit den von Entz unter *Dictyocysta polymorpha* (Entz 2. Taf. 14, Fig. 3, 4, 5) abgebildeten Formen ganz nahe verwandt, wenn nicht identisch ist. (Entz 1 pag. 413; 2. pag. 203.)

Das vasenförmige Gehäuse zeigt einen etwa eiförmigen, unten meist mit geringer Zuspitzung endigenden Hauptteil — das eigentliche Wohnfach, — und einen sanft trichterförmig sich nach oben erweiternden Halsteil oder Kragen.

Die Wand des Gehäuses besteht in den Fällen, wo sie sehr zart ist, aus nur einer Schicht von primären Kammern. In den meisten Fällen jedoch zeigt sie an ihren dickeren Stellen 2—3 solcher Waben im Querschnitt über einander. Je nachdem in diesen Wabenschichten die secundären Verstärkungen auf einander fallen oder nicht, oder sich nur teilweise decken, entstehen regelmässige oder unregelmässige Structurfiguren, — oder abwechselnd beides, — indem zwischen den beiden Grenzlamellen der Wand teilweise oder ganz durchgehende stärkere Zwischenrippen zu Stande kommen.

Die Wand des Wohnfaches hat bei verschiedenen Exemplaren eine ungleiche Dicke. Bei allen jedoch ist die Wand an derjenigen Stelle am dicksten, wo der Uebergang vom Wohnfach in den Halsteil stattfindet; am dünnsten aber an dem bald ziemlich stumpf, bald in ein ganz kleines kurzes Spitzchen auslaufenden hinteren Ende.

Ueber dem weitesten Teile des Wohnfaches nimmt man häufig zwei Reihen ziemlich grosser, runder Fenster wahr, 8 und mehr in einer Reihe; manchmal ist auch nur ein einziger derartiger Fensterkreis, seltener mehrere ausgebildet. Die Abstände der Fenster von einander sind durchnittlich grösser als bei *Dictyocysta*, kleiner als bei *Cod. annulata*.

Natürlich sind auch hier die Fenster analog denjenigen der oben beschriebenen Gehäuse gebildet. Es treten daher auch zum Teil ganz ähnliche Variationen auf; so giebt es z. B. Exemplare mit gleichmässig grossen, dicht an einander stossenden, wiederum solche mit an Grösse und Form unregelmässigen, beliebig zerstreuten Fenstern; aber auch Gehäuse, an welchen deutliche Fenster überhaupt fehlen.

Die zwischen den Fenstern liegende Wandfläche, sowie diejenige des ganzen Aufsatzes zeigen ein mannigfach variirendes, feines Maschennetz. Die mehr oder weniger zusammenhängenden Secundärfiguren desselben sind ohne bestimmte Anordnung und nur die kleinsten Maschen fast sämmtlich gleichmässig, nämlich nach dem hexagonalen System ausgebildet.

Da die Wände der letzteren, wo sie nicht verstärkt, nur schwer zu sehen sind, ergiebt sich daraus für das Auge schon von selbst der Eindruck gewisser Unregelmässigkeit.

Am Aufsatzteile lässt sich meist eine ungefähr gleich grosse, hintere, dickwandige, und eine vordere, sehr dünnwandig auslaufende Partie unterscheiden; gewöhnlich ist diese letztere auch äusserlich gegen die hintere durch eine kleine Richtungsänderung ihrer Wand gekennzeichnet.

Die erwähnte durchsichtigere vordere Aufsatzpartie zeigte einige Male im Querschnitte zwei ganz kleine Kammerlagen und gegenüber dem übrigen Gehäuseteil nicht nur eine dünnere, sondern auch ausserordentlich gleichmässige Wanddicke; dem entsprechend ist auf der Oberfläche eine ebenso feine, wenn auch nicht so gleichförmige Reticulation wie bei *Cod. annulata* Claparède & Lachmann zu erkennen.

Deshalb glaube ich in dieser eben geschilderten Partie des Gehäuses das Analogon zum geringelten Aufsatze bei *Cod. annulata* sehen zu müssen, während der dickere, hintere Teil des Vasenhalses dem Wohnfachhals bei *Cod. annulata* entspräche.

Doch lässt sich dies nur da und dort nachweisen, wie denn auch im übrigen eine lebhaft an die *Dictyocysten* erinnernde Mannigfaltigkeit in ganz kleinen Formabweichungen und in eigentlich ebenfalls kleinen, für das Auge aber auffallenden secundären Structurunterschieden vorhanden ist.

Das noch näher zu untersuchende *Dictyocysten*-ähnliche Tier mit anscheinend 24 oralen Cilien ist meist von einer der Innenwand des Wohnfaches dicht anliegenden, vielleicht überall an dieselbe fixirte, scheinbar auch etwas in die erste Partie des Halsteiles sich fortsetzenden Schutz-Membran umgeben. Diese ist an der Stelle der Halseinschnürung der Innenwand des Gehäuses fest angeheftet und bildet dann, an Dicke etwas verstärkt, den auch von Entz erwähnten Schliessapparat. Es finden sich also auch hier Analogien zu den bei *Dictyocysta* beschriebenen Verhältnissen.

Ich kann die von Entz gemachte Mitteilung bestätigen, dass hier der Apparat bald nach aussen, bald horizontal gerichtet ist, bald tief bis zum contrahirten Tier in das Wohnfach hineinneigt. Mehrmals sah ich hier ganz deutlich, dass der Schliessapparat aus einer zusammenhängenden Membran bestand, in welcher schmale steifere Streifen mit breiten zarteren regelmässig abwechselten. In einem Falle jedoch (allerdings war es ungünstiger Weise ein Balsampräparat) liess es sich nicht sicher entscheiden, ob der Apparat aus den von Entz beschriebenen dreieckigen Platten bestand; ich glaube aber, dass die zehn in jenem Präparat sichtbaren breiteren Streifen die Tieffalten, die auf den dadurch gebildeten zehn dreieckigen Abschnitten verlaufenden kleineren Streifen vielleicht festere Stützrippen der Membran darstellten.

Es ist zwar überhaupt möglich, und mir selbst nicht unwahrscheinlich, dass sowohl Hüllhaut wie Verschluss nicht immer ausgebildet werden – wie auch Entz glaubt — und wenn sie vorhanden sind, nicht immer auf ganz gleiche Weise oder gleich vollständig zur Ausbildung gelangen.

Bezüglich der auch bei dieser Spezies vorkommenden äusseren Haut und der damit nach meiner Meinung in engster Beziehung stehenden Tüpfel, die besonders dann vollzählig auftreten, wenn möglichst viele gleichmässige mittelgrosse Fenster ausgebildet sind, verweise ich im übrigen auf das bei *Dictyocysta* gesagte, und will hier nur noch einen hierhergehörigen, ebenfalls noch nicht aufgeklärten Punkt kurz besprechen, der auch für *Dictyocysta templum* Häckel und *Dictyocysta elegans* pp. Möbius gilt. Wenn nämlich Tüpfelbildung vorhanden war, nahm ich oft über der Mitte der hellen Tüpfelblasen nicht nur einen scharfen dunkeln Ring, sondern auch einen keulenförmigen, anscheinend hohlen, nach aussen stehenden Ansatz wahr.

Nicht selten traten diese „Keulenstacheln" auch neben den deutlichen Tüpfeln in ziemlicher Menge auf. Ob diese Keulen zur äusseren Haut gehörten, oder ob sie angeheftete parasitäre Wesen darstellten, blieb einstweilen unentschieden.

Ich wiederhole bei dieser Gelegenheit, dass ich die Tüpfel in absolut keinen Zusammenhang mit irgend welcher Durchlöcherung der Schale bringe, und dass bei allen Formen aus dem Expeditionsmateriale, die in die Nähe von *Dictyocysta polymorpha* Entz und *Codonella lagenula* Entz gehören, keine Löcher in der Wand vorhanden waren, es sei denn, dass die Schale verletzt war. In vielen Fällen allerdings waren die Fensterstellen so durchsichtig oder hell, dass nur die genaueste Betrachtung vor einem Irrtume schützen und zeigen konnte, dass die vermeintliche Fensteröffnung durch eine fein reticulirte Wandpartie geschlossen war. Auch Daday (M. pag. 577) hält die Wand von *Dict. polymorpha* Entz für geschlossen, doch hat er die kleinen Waben überhaupt nicht bemerkt. —

An dieser Stelle ist es auch zweckmässig, eine andere häufige Form aus dem Expeditionsmateriale noch kurz zu erwähnen, die wenn nicht identisch, jedenfalls nächst verwandt mit der von Entz II. Taf. 14, Fig. 1 und 2 abgebildeten, als *Dictyocysta polymorpha* bezeichneten Art ist. Ihre Form und Grösse ist mit einem gleich zu erwähnenden Unterschiede dieselbe, wie die der unter 2. beschriebenen *Cod. amphorella* n. sp., nur dass das Gehäuse, statt in eine Spitze zu endigen, hinten kugelig abgerundet ist, und deshalb um die Spitze kürzer wird. Die Structur der meist dickeren Wand ist im übrigen die nämliche; dagegen treten bedeutend mehr Variationen der Secundärfiguren auf. Die nähere Beschreibung und Zusammenstellung der Varietäten wird in dem ausführlichen Werke erfolgen.

5. Codonella lacustris Entz.

Ganz analoge Structurverhältnisse und die gleichen Abweichungen von der Entz'schen Auffassung ergaben sich für mich bei Untersuchung von

Codonella lacustris Entz (2. pag. 196); denn auch hier ist die Grundlage der Gehäusewand eine ziemlich gleichmässige sehr feine Wabenstructur, und die bei mässiger Vergrösserung allein hervortretenden rundlichen und polygonalen grösseren Maschen stellen schon die Secundärfiguren, d. h. die Verdickungszüge dar.

Die dunkeln Punkte, welche Entz in der Mitte der Polygonalfiguren zeichnet, lösten sich an den von mir untersuchten Exemplaren von *Cod. lacustris* bei genauerer Betrachtung sämmtlich in Primärfelderchen auf, resp. erwiesen sich als optische Täuschung. Ich hoffe Gelegenheit zu haben an anderer Stelle ausführlicher auf diese interessante und schöne Süsswasserform zurückzukommen.*)

---

*) Cod. lacustris kommt nämlich, wie Dr. C. Apstein fand, in allen Holsteinischen Seen zu gewissen Zeiten in grosser Menge vor; so fand sie Dr. C. Apstein im Selentersee im Herbst (1890), zahlreicher in Fängen aus dem Einfelder- und Plönersee im Sommer (1891), welch letzteres Material ich hauptsächlich zu den bezüglichen Untersuchungen benutzte.

III. Gruppe. Cyttarocylis.

1. Cyttarocylis cassis Fol.

(Daday pag. 580.)

Entgegen der Auffassung von Häckel und Bütschli, dass die Schale von *Cyttarocylis cassis* oder wie sie Häckel nennt, *Dictyocysta cassis* von Löchern durchbrochen sei, schliesse ich mich Fol und Daday an, welche die Wand als geschlossen bezeichnen, und werde im folgenden den Nachweis führen, dass die letztere Ansicht die richtige ist.

Das Gehäuse stellt einen ziemlich schlanken Hohlkegel dar, welcher kurz vor der Basis sich plötzlich trichterförmig etwas erweitert. An der Innenseite des Ringes, von welchem aus diese Erweiterung des Gehäuses beginnt, ist die Wand nach innen etwas verdickt.

Bei schwacher Vergrösserung erscheint das ganze Gehäuse als ein Netzwerk von annähernd gleich grossen, aber etwas ungleichmässig geformten Maschen. Am Mündungssaum bilden die in denselben fallenden Maschenränder häufig je ein kleines Zähnchen. Diese zahnförmigen Verlängerungen, von denen zuweilen je eine stärkere mit einer schwächeren abwechselt, sind aber durchschnittlich so kurz, dass sie bei schwacher Vergrösserung nicht auffallen.

Öfters sind in der Nähe des Mündungssaumes statt der einen oder anderen Masche von gewöhnlicher Grösse eine räumlich entsprechende Anzahl ganz kleiner vorhanden, wie denn überhaupt an dieser Partie des Netzes die meisten der allerdings geringen Unregelmässigkeiten vorkommen.

Hinten verläuft das Gehäuse derart, dass das erst mehr rundlich zulaufende Ende noch eine kurze Spitze bildet.

Die Höhe des Kegels im Verhältnis zur Breite der Basis, sowie der Grad der vorderen Ausweitung und die Gestalt der Spitze sind teilweise beträchtlichen Schwankungen unterworfen. Es wird die Abgrenzung solcher Variationen nebst der Beschreibung einer verwandten Form im Expeditionswerke erfolgen.

Betrachtet man die oben erwähnten, durch starke Zwischenwände gegen einander abgegrenzten Maschenfelder mit einer guten Ölimmersion, so nimmt man auf denselben bisweilen deutlich eine sehr feine Structur wahr, die ich auf eine ausserordentlich kleine Primärkammerung der gesammten Gehäusewand zurückführe.

Ich glaubte auch mehrmals auf dem optischen Querschnitte, zwischen den schon von Fol beschriebenen Hauptquerrippen die Wandmasse in zwei Schichten kleinster Kammern zerfallen zu sehen. Doch schienen diese Kammern an Grösse etwas unregelmässig und nicht überall vollkommen ausgebildet zu sein. Die bei schwächerer Vergrösserung erkennbaren **Hauptrippen** enthalten, wie es den Anschein hat, Waben von entsprechender Grösse, deren Wände jedoch von etwas anderer Substanz und deren Hohlräume ganz oder teilweise ausgefüllt sind. Sie färben sich mit Anilinfarben unter Umständen sehr intensiv, während die von ihnen umgrenzten, durchsichtigen Partien nur wenig Farbe annehmen. Ersteres kommt allerdings zum guten Teil auf Rechnung der grösseren Dichtigkeit und Dicke der Zwischenrippen.

Auch bei *Cyttarocylis cassis* ist die äussere Grenzlamelle über den Flächen der Maschenfelder mehr oder weniger stark vertieft, resp. sind die Verstärkungsrippen erhöht.

Ob die vor der oben erwähnten vorderen Gehäuseausweitung stattfindende Ringverdickung der Innenwand, welche ziemlich in das Lumen vorspringt, nur durch eine locale Vermehrung der kleinsten Kämmerchen oder Waben entsteht, kann ich noch nicht sicher entscheiden, halte es aber für wahrscheinlich.

2. Tintinnus denticulatus Ehrenberg.
(Daday pag. 583.)

Bezüglich der Structur nicht weit von *Cytt. cassis* Fol entfernt, aber weit regelmässiger gebaut und an der Mündung constant gezähnt ist *Tintinnus denticulatus* Ehrenberg und eine ganz ähnliche Form ohne Mündungszähnchen aus dem Expeditionsmateriale. Auch bei diesen habe ich auf den schön hexagonal ausgebildeten Feldern eine feine, wahrscheinlich reticuläre noch nicht genügend aufgehellte Stuctur bemerkt. Ich reihe der ausgesprochenen Analogie wegen *Tintinnus denticulatus* unter die *Cyttarocylis*-Gruppe ein, der Ansicht Fol's und Daday's mich anschliessend.

3. Cyttarocylis semireticulata n. sp.
Taf. I. Fig. 3.

Hieher gehört auch noch eine neue Art aus dem Expeditions-Materiale. Ich glaube, dass dieselbe der *Cyttarocylis acuminata* Daday (pag. 578) nahe steht, und vermute, dass Daday die Structur seiner *Cytt. acuminata* nicht genügend erkannt hat.

Das **Gehäuse** gleicht, auf die Basis gestellt, einem Helm mit scharfer Spitze, ist aber in seinem vorderen Dritteile mit einem breiten **Ringwulste** versehen, der bis gegen die Mündung reicht.

Es sind ziemlich deutlich zwei Grenzlamellen ausgebildet. Der Raum zwischen denselben ist an den hinteren zwei Dritteilen des Gehäuses durch eine einschichtige, von der Stelle an wo die Verdickung beginnt, durch eine entsprechend mehrschichtige **Lage** von **Primär-Waben** ausgefüllt. Die Zahl derselben auf der grössten Umfangslinie, d. h. über dem hinteren Dritteile des Wulstes beträgt ca. 120. Vom Mündungsrand bis auf die Höhe des Wulstes sind nur diese kleinen Primärmaschen vorhanden. Im optischen Querschnitte nehmen wir vorn eine bis zwei, über der grössten Breite des Wulstes drei bis vier derselben wahr.

Auf dem übrigen Teile des Gehäuses aber, wo die Wabenlage ein-, höchstens zweischichtig ist, finden sich in gewissen Richtungen erhebliche Hochfaltungen der äusseren Wand, wodurch sehr schöne, stark hervortretende weitmaschige Secundärfiguren entstehen. Dieselben sind ungefähr gleich gross, rundlich oder polygonal.

Am Wulst, wo sich die Lagen der Primär-Waben vermehren, laufen diese Erhöhungsrippen allmälig aus, resp. verflachen sich, und die letzten Ausläufer der (in Bezug auf das Gehäuse) longitudinalen Maschensäume kommen noch auf die Höhe des Wulstes zu liegen.

Zwischen den Höhenrippen oder Hochfaltungen besonders des hinteren Gehäuseteiles ist die äussere Grenzlamelle oft zu einer beträchtlichen Vertiefung eingesunken; denn die Wand besteht hier mit Ausnahme der netzartigen Erhöhungen nur aus einer einzigen Wabenschicht. Gerade da also, wo die Wand am dünnsten, ist sie mit den starken Hochripper.zügen versehen, was vom mechanischen Gesichtspunkte aus für die Festigkeit des Gehäuses sehr bemerkenswert erscheint. — Dimensionen: Länge: 0,08 mm; Breite: 0,055 mm.

Eine Anzahl Varietäten und Verwandter der beschriebenen Form wird im Planktonwerke behandelt und zusammengestellt werden.

IV. Gruppe. Undella.
1. Undella hyalina Daday.
(Daday pag. 565.)

Undella hyalina ist verwandt mit *Tintinnus hyalinus* Claparède & Lachmann, allein auch nach Daday's Ansicht nicht mit demselben identisch. Zwar hat das Gehäuse ebenfalls ungefähr die Gestalt eines abgestumpften Cylinders; aber abgesehen von der sehr viel feineren Structur besitzt es auch eine etwas abweichende Form, besonders am Hinterende, wo die beiden Grenzlamellen einander sich auf das engste nähern, was Daday übersehen zu haben scheint, da bei seiner Zeichnung beide Lamellen auch an der Spitze gleich weit von einander entfernt bleiben. Vielleicht hat Daday eine von unserer *Undella* immerhin etwas abweichende Form vor sich gehabt, da die erstere hinten fast rund oder nur mit einer äusserst geringen Andeutung einer Spitze abschliesst, während in Daday's Zeichnung eine solche vorhanden ist. Bei *Undella* ist bis jetzt die Structur vollständig übersehen worden. Einzig Bütschli hat die richtige Vermutung geäussert, dass *Und. hyalina* auch eine ähnliche Structur besitzen werde, wie die übrigen *Tintinnen*.

Die beiden ausserordentlich durchsichtigen, deutlich differenzirten Grenzlamellen zeigen auf ihrer Oberfläche eine sehr an *Diatomeen*-Structuren erinnernde hexagonale Zeichnung von wunderbarer Feinheit und Regelmässigkeit. Die Anzahl dieser Felderchen in einer senkrecht zur Gehäuseaxe gedachten Wandumfangslinie beträgt mindestens 200. Der Grösse dieser Felderchen entspricht diejenige der zwischen den Lamellen angeordneten Kämmerchen, deren Zahl übereinander im optischen Querschnitte ca. 7 sein mag. Ich bemerke hier, dass diese Verhältnisse nur unter besonders günstigen Umständen und nicht bei jedem Exemplare constatirt werden konnten, und dass *Undella* und eine Anzahl verwandte Formen aus dem Expeditionsmateriale, deren Zusammenstellung später erfolgen wird, bezüglich der Structur zu den besten Prüfungsobjecten einer starken Immersion gehören.

Es schien mir bei dieser Gruppe, dass, je stärker bei einzelnen Exemplaren oder Spezies die Grenzlamellen ausgebildet sind, desto weniger eine regelmässige oder solide Zwischenstructur vorhanden ist, was wiederum vom mechanisch-physiologischen Gesichtspunkte aus sich verstehen liesse.

2. Undella Claparèdei Entz.
(Daday pag. 566.)

Undella Claparèdei wurde ebenfalls bisher als structurlos bezeichnet, es ist jedoch die Structur ganz analog derjenigen von *Undella hyalina*

Daday, nur scheinen die Felder verhältnismässig etwas grösser und von mehr rundlicher Form.

Es ist sehr schwer die Felder im einzelnen zu erkennen, und man nimmt meistens nur ein die Aussen- oder Innenfläche der Wand durchziehendes System von äusserst feinen parallelen Linien wahr und zwar je nach der Beleuchtungsweise ein longitudinales oder ein transversales. Diese Linien sind der Ausdruck der Richtungen, in welchen die ausserordentlich feinen Felderchen angeordnet sind. Sie erscheinen bei *Undella Claparédei* genau senkrecht auf einander gerichtet, während bei *Undella hyalina* Daday ihre Anordnung stellenweise etwas unregelmässiger ist. Diese Unregelmässigkeiten beruhen natürlich nur auf ganz kleinen Unterschieden in der Flächengrösse mancher Felderchen oder der dieselben trennenden Netzrippen.

Auch bei *Und. Claparédei* blieb es mir bei manchen Exemplaren zweifelhaft, ob der Zwischenraum zwischen beiden Grenzlamellen von einer der Oberflächenstructur entsprechend fein gekammerte Zwischensubstanz ausgefüllt sei, während ich bei anderen eine solche wahrzunehmen glaubte. Bei einer nächstverwandten, etwas gröber structurirten Form war sie deutlich zu erkennen.

3. Undella Lachmanni Daday.
(Daday pag. 568.)

Nicht structurlos wie Daday angiebt, ist ferner *Undella Lachmanni* Daday; dieselbe zeigt vielmehr eine sehr regelmässige hexagonale Felderung als Ausdruck der feinen Kammerung ihrer Wand. Sie bildet gewissermassen eine Überleitungsform zu einer im Expeditionsmateriale reichhaltig vertretenen Gruppe langgestreckter, spitz endigender *Tintinnen*-Gehäuse, welche im Folgenden unter Gruppe V kurz zusammengefasst und beschrieben sind.

V. Gruppe. Lanzen-Tintinnen.

In der Form und zum Teil in der Structur erinnern die *Lanzen-Tintinnen* sehr an *Cyttarocylis Treforti* (Daday pag. 579). Sie bieten aber mannigfache kleinere und grössere Verschiedenheiten unter sich, besonders in der mehr oder weniger complicirten Ausbildung ihres Spitzenteiles dar.

Am oberen resp. vorderen Teile ist die Wand der immer ziemlich schlanken Gehäuse meist verdickt durch Vermehrung oder Vergrösserung der Wandkammern. Bei einer auch hierher zu rechnenden Form mit festsitzendem Gehäuse ist letzteres spiralig verdickt und scheint auch spiralig gewachsen zu sein.

Die oft stark differenzirten Grenzlamellen der trotz ihrer eventuellen Verdickungen sehr durchsichtigen Gehäusewand zeigen immer regelmässige hexagonale Structur. Bei mehreren Arten ist dieselbe mit Ausnahme einer Stelle des Spitzenteiles ebenso fein und daher schwierig wahrzunehmen wie bei der Gruppe der *Undellen*.

Einige zeigen eine teilweise oder vollständige äussere Hüllmembran, wie letztere bei *Dictyocysta* und *Codonella* erwähnt wurde.

Da diese *Tintinnen* der Uebersichtlichkeit und ihrer Zusammengehörigkeit wegen später sämmtlich neben einander behandelt werden sollen, so beschränke ich mich hier darauf, zur Verdeutlichung einen einzigen Vertreter dieser Gruppe in dieser Abhandlung zu beschreiben.

Tintinnus hastatus n. sp.

Taf. II Fig. 3.

(Das Gehäuse mit aufgebrochenem Spitzenteile dargestellt.)

Das Gehäuse ist langgestreckt, ungefähr $3^1/_2$ mal so lang wie breit, im vorderen Fünfteile durch eine mässige Wulstbildung nach aussen etwas ausgebuchtet, um dann sich schwach verjüngend mit einer kleingezähnten Mündung abzuschliessen. Die Zahl der Zähne beträgt ca 40. Ungefähr in der Hälfte der Länge fängt das Gehäuse an, nach hinten ziemlich rasch an Umfang abzunehmen. Dann verläuft es eine kurze Strecke als eine Röhre, erweitert sich wieder unter gleichzeitiger starker Verdickung der Wand und schliesst plötzlich ab mit einem nach hinten gerichteten kelchförmigen, niedrigen Becher, aus dessen Grunde eine schlanke, hohle Lanzenspitze sich erhebt. Der Hohlraum derselben bildet die directe Fortsetzung vom Lumen des hinteren Gehäuseteiles. Der Kelchrand zeigt mindestens 4 sanfte Einkerbungen.

Auf der Gehäusewand sieht man schon bei mittlerer Vergrösserung ziemlich grosse, aber zarte hexagonale Felder. Diese sind über der Wulstverdickung am grössten und kurz vor dem engsten Teile des Gehäuses am kleinsten; da jedoch, wo die allmählige Erweiterung zum Spitzenkelche beginnt, werden sie wieder bedeutend grösser — von etwas kleinerem Durchmesser wie die am Wulste — und sind zugleich viel derber ausgebildet.

Es werden nämlich die dieser Reticulation entsprechenden Wandkammern oder Waben an letztgenannter Stelle mit den am stärksten ausgebildeten Begrenzungsschichten versehen. Ihre Anzahl im optischen Querschnitte wächst dort bis zu 4 an, an dem schon erwähnten Wulste dagegen höchstens bis auf 3; an den übrigen Stellen des Gehäuses ist nur eine einzige Wabenlage vorhanden. Die Zahl dieser Kammern beträgt auf der grössten Umfangslinie des Ringwulstes etwa 80, an der Mündung ungefähr ebenso viel, da sie dort entsprechend kleiner sind. Ungefähr ebenso verhält es sich an dem verjüngten hinteren Gehäuseteil, die Spitzenverdickung ausgenommen; denn weil dort fast plötzlich die Grösse der Waben zunimmt, die Wand sich jedoch nur um drei Wabenlagen verdickt, ohne ihren äusseren oder ihren inneren Umfang erheblich zu erweitern, muss die Zahl der Kammern in der Umfangslinie bedeutend verringert sein. Kurz vor dem Übergang der inneren Grenzlamelle in die Innenwand der Lanzenspitze findet eine allerdings ganz unbedeutende ellipsoide Ausweitung des Lumens statt.

Im Gegensatz zu einigen oben beschriebenen Typen zeigen bei dieser Gruppe die Grenzlamellen über den einzelnen Maschen eine zwar schwache Convexität nach aussen, wie man bisweilen im optischen Querschnitte deutlich wahrnehmen kann.

Über den Maschenfeldern nahm ich ähnlich wie bei *Cyttarocylis* unter günstigen Umständen eine ausserordentlich feine Structur wahr. Dieselbe scheint sehr regelmässig zu sein und beruht wahrscheinlich auf einer feinen Primärkammerung sowohl der querstehenden als der in den Grenzlamellen des Gehäuses liegenden oder zwischen denselben parallel verlaufenden einzelnen Wabenwänden. Von der Oberfläche gesehen, hat sie manchmal den Anschein einer feinen, hexagonalen Reticulation; im optischen Querschnitte des Gehäuses bemerkt man 3—4 über einander liegende Reihen von kleinen dunklen Punkten, welche vermutlich jenen Primärkämmerchen der Wabenwände entsprechen. Hingegen hat es nicht den Anschein, als ob der Inhalt der oben erörterten Wandwaben aus einem Complexe ganz kleiner, verhältnismässig dickwandiger Kämmerchen bestehe, was freilich unter Umständen die gleichen optischen Bilder liefern würde.

Dimensionen: Länge ca.: 0,27 mm; Breite: 0,08 mm.

VI. Gruppe. Streifentintinnen.

Unter der Bezeichnung *Streifentintinnen* fasse ich Formen zusammen, die in der Gestalt den *Lanzentintinnen* teilweise ähnlich sind, in der Structur aber erheblich abweichen. Von dieser Gruppe ist ein sehr typischer Vertreter in Taf. III Fig. 13 a und b abgebildet. Ich bezeichne denselben als

Tintinnus striatus n. sp.
Taf. III. Fig. 13a und b.

Das Gehäuse gleicht *Undella anadyomene* Entz (2. pag. 409. Taf. 24 Fig. 19, Daday pag. 568) ist aber hinten nicht offen; ferner ist eine ziemlich complicirte Structur vorhanden, von welcher weder Entz noch Daday ausser den Spiralstreifen etwas erwähnen.

Die Streifen, welche nach meiner Ansicht locale Hochfaltungen der Aussenlamelle darstellen, und in ihrer Mehrzahl sich da, wo das Gehäuse beginnt in seinen breiteren Teil überzugehen, unter äusserst spitzem Winkel gabeln, verlaufen nicht so stark spiralig, wie bei dem von Daday abgebildeten Exemplare von *Undella anadyomene*, sondern manchmal fast gerade. Zwischen ihnen finden sich in nicht sehr regelmässigen Abständen kleine ovale — bei Verwandten auch kreisrunde — Felderchen, kleinen cylindrischen Hohlkammern der Wand entsprechend. (Taf. III. Fig. 13b.) Die ganze übrige Wandfläche aber ist mit einem feinen, höchst gleichmässigen, hexagonalen Maschenwerk versehen, was eben wiederum auf sehr feiner Kammerung der ganzen Gehäusewand beruht.

An der Mündung gehen die beiden Lamellen nicht direct in einander über, sondern es bildet sich zwischen ihnen, unter gleichzeitigem Ausbiegen der äusseren Lamelle eine rinnenförmige Ringvertiefung. Dadurch entsteht also eigentlich ein äusserer und ein innerer Mündungssaum, wobei in der Richtung der Längsaxe der innere sich etwas weiter hervorstreckt.

Dimensionen: Länge: 0,3 mm; Breite: 0,08 mm.

Dieser Structur-Typus umfasst bei starken Schwankungen in der äusseren Form ca. 5 der neuen Arten aus dem Expeditionsmateriale, bedeutend weniger als die vorhergehende Gruppe.

VII. Gruppe. Tintinnopsis.

1. *Tintinnopsis urnula* Claparède & Lachmann (Daday pag. 561) besitzt ebenfalls sehr kleine Primärfelderung, von welcher trotz ihrer Feinheit auch Claparède etwas bemerkte. Er giebt nämlich an, dass die Schale wie mit Rauch beschlagen sei, was er aber von einer ganz feinen Inkrustirung, also vermutlich von Fremdkörperchen herzuleiten versucht ist.

Ueber diese primäre Felderung hinaus besitzt aber *Tintinnopsis urnula* auch teilweise Secundärfelderung, besonders gegen die Spitze zu.

Die eventuellen Ringwülste bei den verschiedenen Arten, deren genaue Beschreibung hier noch unterbleibt, sind nicht blos durch Erhebung der äusseren, sondern auch durch entsprechendes Ausbiegen der inneren Grenzlamelle hervorgebracht, so dass die Schale an den betreffenden Stellen nur eine mässige Verdickung und dem entsprechend nur eine geringe Vermehrung der Zwischenwaben zeigt. Die Ringwülste des untersten Teiles und der Mündungssaum sind meist mit kleinen Zähnchen besetzt.

Kurz berührt seien hier auch noch:

2. *Tintinnopsis cincta* Claparède & Lachmann (Daday pag. 557),
3. *Tintinnopsis campanula* Ehrenberg (Daday pag. 558) und
4. *Tintinnopsis beroidea* Stein (Daday pag. 547)

Das mit Fremdkörperchen (zum grossen Teile Schalenbruchstücke anderer niederer Tiere) in mehr oder minder hohem Grade besetzte Gehäuse dieser *Tintinnopsis*-Arten ist ebenfalls von ursprünglich ziemlich regelmässiger Wabenstructur. Besonders bei *Tintinnopsis campanula* Ehrenberg lassen sich an manchen von Fremdkörperchen freien Gehäuseteilen die sechseckigen Felderzeichnungen an der Wandoberfläche sehr schön erkennen; undeutlicher bei *Tintinnopsis beroidea* Stein, hauptsächlich deswegen, weil dieselbe meist fast ganz von aufgeklebten Fremdkörpern bedeckt ist. *Tintinnopsis campanula* Ehrenberg und *cincta* Claparède & Lachmann zeigen in Bezug auf die wechselnde Wanddicke der Gehäuse eine gewisse Ähnlichkeit mit der *Codonella*-Gruppe.

Über mehrere Gruppen von *Tintinnen* mit sogenannter einschichtiger, oder richtiger gesagt sehr dünner Wand, an welcher sich, wie z. B. bei *Tint. Fraknoii* Daday (Daday pag. 528) eine Structur nicht immer oder einstweilen überhaupt nicht nachweisen lässt, sind meine Untersuchungen noch zu wenig vorgeschritten, als dass ich schon an dieser Stelle ein einigermassen sicheres Urteil abgeben könnte. Ich glaube allerdings mancherorts auch bei diesen, mit zwar oft derber aber sehr dünner Wand versehenen Gehäusen mehr oder weniger deutliche, ausserordentlich feine Structur wahrgenommen zu haben. Es gelingt daher vielleicht, wenigstens eine Anzahl derselben in Bezug auf den Bau den vorangehenden gleichzustellen. Indessen erscheint es mir unwahrscheinlich, dass in diesen dünnen, und in einigen Fällen bestimmt keine differenzirten Grenzlamellen, sondern gleichmässige Substanz zeigenden Gehäusen sich eine analog complicirte und ausgebildete Construction vorfinden sollte, wie bei den nicht dicht-, aber dickwandigen Formen.

Einige Male glaubte ich, an der Oberfläche der Wand von *Tint. Fraknoii* Daday ganz kleine Fremdkörperchen aufgeklebt zu sehen.

Bei *Tint. subulatus* Ehrenberg habe ich die feine Structur, die Bütschli gefunden, ebenfalls deutlich gesehen.

Bei *Tint. acuminatus* Claparède & Lachmann (Daday pag. 532) finden sich zwei deutliche Grenzlamellen; über die Sculptur oder Structur der Schalenwand habe ich noch keine Klarheit gewonnen. Hingegen sah ich, dass das offene Hinterende nicht die überall abgebildete vorübergehende Verjüngung des Innenlumens zeigt, was zugleich eine Verdickung der betreffenden Wandstelle zur Folge hätte; vielmehr rufen eine grössere Zahl spiraliger Hochfalten der Wand jenes bei mässiger Vergrösserung eigentümliche Bild zusammenlaufender und sich wieder entfernender Innencontouren hervor. In Wirklichkeit nimmt das Lumen entsprechend dem Umfang der Hülse nach hinten ganz allmälig ab, ohne sich am Ende noch einmal zu erweitern.

Tintinnus stelidium n. sp.
(Taf. II. Fig. 4.)

Im Expeditionsmateriale findet sich eine beträchtliche Anzahl teils schon bekannter, teils neuer dünnwandiger Arten von recht verschiedenartiger Gestalt. Taf. II. Fig. 4 habe ich eine neue Art, für welche ich die Bezeichnung *Tint. stelidium* wählte, abgebildet und will, da die Structur noch nicht genügend ermittelt ist, hier nur die Form des Gehäuses noch kurz beschreiben. Denken wir uns das Gehäuse auf der Basis gestellt, und sehen wir von dem fünf- bis sechszackigen Randsaume ab, so können wir dasselbe mit einer Art Monument vergleichen, bei welchem auf einem Sockel mit 8 Säulenrippen ein $4\frac{1}{2}$ mal so hohes Vierkant mit vertieften Seiten sich erhebt.

Dasselbe schliesst oben mit einer Rundung ab, in welcher die 4 Kanten auslaufen. Die erwähnten Säulenrippen des Sockels sind oben und unten durch eine Ringleiste mit einander verbunden und es ist dadurch dieser Gehäuseteil sowohl gegen den breiten Mündungssaum, wie gegen das eigentliche Wohnfach abgegrenzt.

Sämmtliche Rippen scheinen einer mässigen Wandverdickung mit gleichzeitigem Ausbiegen der betreffenden Wandpartie ihren Ursprung zu verdanken, die 4 Kanten jedoch des hinteren Gehäuseteiles nur auf gleichzeitiger Faltung resp. Einbuchtung der beiden Grenzlamellen zu beruhen. Dieser *Tintinnus* gehört unzweifelhaft in die Nähe von *Amphorella quadrilineata* Claparède & Lachmann (Daday pag. 535) und ähnlichen Formen.

Dimensionen: Länge: 0,29 mm; Breite an der Mündung: 0,1 mm, am Mittelteil: 0,055 mm.

Rückblick.

Nachdem im Vorhergehenden eine grössere Zahl von Gehäuseformen der *Tintinnodeen* eingehender untersucht und in Bezug auf ihre Structur die bisherige Kenntnis derbelben ergänzt wurde, ergiebt sich im Allgemeinen als Resultat eine ziemlich weitgehende Übereinstimmung in den Grundzügen ihres Baues. Fast überall finden wir -- wenigstens bei den dickwandigeren — eine mehr oder weniger regelmässige Kammerung oder Wabung der ganzen Wand oder doch ihrer Grenzschichten.

Wahrscheinlich ist das Innere dieser kleinen und kleinsten Kämmerchen hohl oder zum mindesten mit einer Substanz erfüllt, die spezifisch leichter ist als diejenige der Kammerwände. Dann hätte ihre Ausbildung für den Gehäusebewohner einen hydrostatischen Vorteil.

Wir können vielleicht annehmen, dass die erwähnten, in gewissen Richtungen angeordneten Alveolen während der Erstarrung einer ursprünglich in weichem gallertigen oder schleimigen Zustande als Ganzes oder periodisch in Partien abgesonderten Wandmasse entstehen.

Dieser alveoläre mit Verstärkungswänden versehene Bau vereinigt die Vorzüge von geringer Schwere, Widerstandsfähigkeit*) und Elasticität, während gleichzeitig relativ wenig Material aufgewendet wird. Zum guten Teile durch die angeführten Umstände wird für unser Auge der Eindruck der Zierlichkeit und Schönheit dieser mannigfaltigen Gehäuseformen hervorgebracht. Es ist nicht schwer zu erkennen, dass die verschiedenen kleineren Variationen im Schalenbaue innerhalb der einzelnen Gruppen für die Systematik der Tiere meist gänzlich belanglos sind. Dies geht besonders aus der Betrachtung der Gehäuse von *Dictyocysta templum* Häckel und *Dict. elegans* pp. Möbius hervor. Es liesse sich zur Erklärung der theoretisch unbegrenzten Variationen vielleicht annehmen, dass ursprünglich, — d. h. im Stadium der beginnenden Absonderung, — die wenig differenzirte, schleimige oder gallertige, mit der absondernden Schicht des Tierleibes noch in Berührung stehende Schale ziemlich gleichmässig dicht und undurchlöchert ist; dass dann aber einzelne Partien des wohl durch mechanische und chemische Einwirkungen von aussen her sich ausbildenden feinen Kammer-Gewebes zart bleiben — weil auf die entsprechenden Stellen der absondernden Schicht nur Nebenwirkungen der äusseren Kräfte fallen, — andere hingegen in Folge der in ihrer Richtung verlaufenden Kräfte zu widerstandsfähigen Tragschienen ausgebildet werden. Dabei können nun, wenn die chemischen und mechanischen Verhältnisse der Umgebung der Tiere nicht immer die nämlichen bleiben, innerhalb der durch die Gattung resp. die Art gezogenen Schranken mannigfache secundäre Abweichungen in der Construction eintreten, trotzdem die betreffende Tierart nach einem dem Genus oder weiter der Spezies zukommenden, durch die Eigentümlichkeit des Tieres selbst begründeten Haupttypus ihr Gehäuse aufbaut.

---

*) Natürlich hängt die Widerstandsfähigkeit in hohem Maasse (abgesehen von der Natur des verwendeten Materiales) davon ab, wie gross die Zahl der Kammern in einem bestimmten Rauminhalt ist, resp. wie stark die Wabenwände sind. Es lässt sich dies schon sehr leicht einsehen, wenn man nur bedenkt, dass je kleiner z. B. die Kammer bei gleichbleibender Wanddicke ist, desto dicker die Wand im Verhältnis zur Kammergrösse wird. Dass kleine Hohlkörper schwerer einzudrücken sind als grössere mit gleich dicker Wandung, weiss aber Jeder schon aus Erfahrung, wenn er sich auch nicht überlegen würde, dass eben die Wände relativ nicht gleich dick sind bei einem kleinern und einem grössern Hohlkörper von absolut gleich dicker Wand. Wir sehen denn auch dem entsprechend, dass eine Anzahl gross- und relativ zartwandig gekammerter Tintinnen, namentlich Lanzentintinnen, ausserordentlich leicht zu deformiren sind, während die feingekammerten Codonellen und Undellen, obgleich bei manchen der letzteren vielleicht nur die Grenzschichten gekammert sind, eine grosse Widerstandsfähigkeit aufweisen, ebenso die Dictyocysten.

Dass jene physikalischen und chemischen Verhältnisse in Bezug auf das Tier sowohl durch die Lebensweise des letzteren, so etwa durch Wechseln des localen Aufenthaltes, als auch durch äussere Ursachen, vor allem durch den verschiedenen geographischen Aufenthaltsort andere werden können beziehungsweise müssen, bedarf wohl keiner weiteren Erläuterung. Wir haben also an Individuen, die vom nämlichen Fundorte stammen, ebenso gut „physiologische" Varietäten im engeren Sinne zu erwarten, wie im allgemeinen constantere „geographische" Abarten, wobei wir aber die Begriffe „physiologisch" und „geographisch" selbstverständlich nicht in einen innern Gegensatz zu einander bringen dürfen. Es ist naturgemäss nicht ausgeschlossen, dass gelegentlich abnorme locale physiologische Bedingungen analog den normalen eines anderen, sonst ganz verschiedenen geographischen Gebietes wirken. Es dürfte hier vielleicht auch am Platze sein, daran zu erinnern, wie manche Pflanzen im gleichen engen Bezirke an durch physiologische Bedingungen verschiedenen Standorten und in geographisch verschiedenen Gebieten sich verhalten.

In Folge dieser Überlegungen kann ich mich nicht dazu entschliessen, von den Haupttypen leicht abzuleitende Abweichungen von vornherein als eigene Arten aufzustellen; ich glaube dieselben vielmehr so lange einfach festhalten zu sollen, bis die Ergebnisse über den Bau der Tiere selber, ihre Lebensweise und Verbreitung über den inneren Wert dieser Verschiedenheiten Aufschluss und damit den Fingerzeig für ihre systematische Verwertung gegeben. So bin ich denn auch geneigt, der Form des Gehäuses eine ebenso grosse oder geringe Bedeutung beizulegen wie der Structur.

Es findet auch hier, wie anderswo (z. B. bei *Chonchylien*-Schalen) ein solches Durcheinandergreifen der Bauarten resp. Anpassung derselben an die Bedürfnisse und Fähigkeiten der Tiere statt, dass ein ganz sicheres System erst dann zu erzielen ist, wenn man die Kenntnis der Tiere nach den angedeuteten Richtungen hin vervollständigt hat. Es lässt sich also wohl zur bequemen Übersicht diese oder jene Einteilung der Schalen vornehmen, nicht aber auf Grund der letzteren eine richtige Systematik ihrer Produzenten aufstellen.

Nach ihren Structureigentümlichkeiten würden sich die oben besprochenen Gruppen kurz etwa folgenderweise ordnen und definiren lassen:

Uebersicht der Gehäuse nach ihrem Bau.

I. Das Gehäuse ist mehr oder weniger scharf in ein rundliches Wohnfach und einen annähernd cylindrischen Aufsatzteil geschieden.

Die Gehäusewand zeigt neben einer feinen primären Reticulation stark hervortretende, grösstenteils nicht unmittelbar zusammenhängende, aber meist ziemlich, oft ganz genau symmetrisch angeordnete secundäre Structurfiguren. Diese zeigen Variationen in Zahl, Form, Grösse und teilweise auch in der Anordnung innerhalb der Spezies.

Meistens ist das Tier nicht nur mit dem eigentlichen Gehäuse, sondern auch noch mit einer zweiten, sehr dünnen Hüllmembran versehen, welche in einen Schliessapparat endigt.

 a. An bestimmten Stellen des Wohnfaches sind meistens, am Aufsatze immer, grosse, scharf begrenzte, runde oder polygonale, sehr durchsichtige Partien, sogenannte Fenster vorhanden. Keine Fremdkörper am Gehäuse:

 Dictyocysten-Gruppe.

 b. Nur am Wohnfache sind eventuell deutliche Fenster ausgebildet. Dagegen treten sonstige secundäre Structurfiguren oft am ganzen Gehäuse auf. Selten Fremdkörper der Gehäusewand angeheftet:

 Codonella-Gruppe.

II. Gehäuse meist schlank oder glockenförmig ohne Ausbildung eines besonderen Aufsatzteiles.

Die Gehäusewand mit primärer Reticulation ohne Fensterbildung, meist auch ohne sonstige Secundärfiguren; Neigung zu Spiralwindungen oder Kreisringelung der ganzen oder nur der vorderen Gehäusewand.

Meist mehr oder weniger zahlreiche Fremdkörper der Schale angekittet, wodurch die Regelmässigkeit der hexagonalen Primär-Felderung oft erheblich gestört erscheint:

Tintinnopsis-Gruppe.

III. Gehäuse meist schlank und ohne besonderen Aufsatzteil.

Gehäusewand primär reticulirt, ohne Fensterbildung. Secundäre Structurfiguren resp. Verstärkungszüge sind entweder überhaupt nicht vorhanden, oder regelmässig unter einander zusammenhängend und sich gegenseitig begrenzend über das ganze Gehäuse oder über einen Teil desselben ausgedehnt.

Anordnung, Form und Grösse der sämmtlichen Structurfiguren sind innerhalb der Spezies meist sehr constant.

a. Gehäuse mit keiner oder sehr einfacher Spitze. Zwischenrippen der grossen Felder sehr stark; Mündungsrand des Gehäuses meist gezähnt:
   Cyttarocylis-Gruppe.
b. Gehäuse spitz zulaufend; Spitze oft complicirt gebaut. Zwischenwände der teilweise sehr grossen Wandwaben relativ zart und dünn. Nur sehr regelmässig hexagonal ausgebildete, an den verschiedenen Stellen des Gehäuses nicht gleich grosse Felderchen vorhanden:
   Lanzentintinnen.
c. Nur regelmässig hexagonale, am ganzen Gehäuse gleich grosse, erst bei starker Vergrösserung wahrnehmbare Felderchen:
   Undella-Gruppe.
d. Gehäuseoberfläche mit Längsleisten, selten auch mit Querleisten versehen. Zwischen den sehr gleichmässigen hexagonalen Felderchen finden sich in nicht sehr regelmässigen Abständen grössere runde oder ovale Felderchen eingestreut:
   Streifentintinnen.

Litteratur-Verzeichnis.

1. Müller, O. Fr., 1. Zoologiae Danicae Prodromus. 1776.
   2. Animalcula infusoria. Havniae 1786.
2. Schrank, Fauna Boica. Bd. III. Abth. 2. 1803.
3. Lamarck, Histoire naturelle des animaux sans vertèbres. 1816.
4. Ehrenberg, C. G. 1. Abh. Akad. Berlin. 1830. 1831. 1833.
   2. Die Infusionsthierchen. Leipzig 1838.
   3. Monatsbericht Akad. Berlin. 1840. pag. 201. Ibidem 1854. pag. 236.
   4. Mikrogeologie.
5. Dujardin, Histoire naturelle des Infusoires. Paris 1841.
6. Müller, J., Ueb. d. Bau des Pentakrinus Caput Medusae. Abh. Akad. Berlin. 1841.
7. Claparède & Lachmann, Études sur les Infusoires et let Rhizopodes. Vol 1. Paris et Genève 1858/59.
8. Claparède, R. E., Beob. über Anatomie und Entwicklungsgesch. wirbelloser Thiere a. d. Küste der Normandie. Leipzig 1863.
9. Stein, Der Organismus der Infusorien. Abth. II. 1867.
10. Häckel, Über einige neue pelagische Infusorien. Jen. Zeit. Med. Naturw. Bd. 7. 1873.
11. Sterki, Tintinnus semiciliatus. Zeit. f. wiss. Zool. Bd. 32. pag. 460. 1879.
12. Kent, W. S., A Manual oft the Infusoria. London 1880/82.
13. Mereskowsky, C., 1. Studien über Protozoen des nördl. Russlands. Arch. Mikrosk. Anat. Bd. 16 pag. 153. 1878.
    2. On some new or little known Infusoria. Ann. Mag. N. H. (5) vol. 7. pag. 209. 1881.
14. Vorce, M., Is it Tintinnus? Americ. monthly microscop Journ. vol. II. pag. 223 — 224. 1881.
15. Fol. D. Hermann., 1. Contribution à la connaissance de la famille des Tintinnodea. Arch. des Sciences Phys. et Naturelles. Tome 3. Genève 1881.
    2. Sur la famille des Tintinnodea. Recueil Zool. Suisse. Tome I. Genève-Bâle 1884.
16. Entz, G., 1. Üb. Inf. d. Golfes von Neapel. Mittheilungen der Zoologischen Station zu Neapel. Bd. V. Heft 3 und 4. 1884.
    2. Zur näheren Kenntnis der Tintinnodeen. M. d. Z. S. z. Neapel. Bd. VI. Heft 2. 1885.
17. Imhof, O. E., Üb. mikrosk. Thiere a. d. Lagunen von Venedig. Z. Anzeiger. 9. Jahrgang. 1886. No. 216.
18. Daday, E. v., Monographie d. Familie der Tintinnodeen. Mittheilungen d. Zoologischen Station z. Neapel. Bd. VII. Heft 4. Berlin Friedl. u. S. 1887.
19. Bütschli, Protozoa I. 1888 (Bronn's Ordn. d. Thierr. Berlin 1888).
20. Möbius, I. Fünfter Bericht der Kommission zur wiss. Unters. d. deutschen Meere in Kiel für die Jahre 1882—1886. pag. 112. — Systemat. Darstellung d. Thiere des Planktons. Gewonnen i. d. östl. Ostsee und einer Fahrt von Kiel in den atlant. Ocean. pag. 119 Taf. VIII.
    2. Bruchstücke einer Infusorienfauna der Kieler Bucht. Arch. f. Naturg. 1888. I. Berlin.
21. Hensen. Fünfter Bericht d. K. z. w. Unt. d. deutschen Meere i. K. pag. 117. Das Plankton der östlichen Ostsee und des Stettiner Haffs.
22. Nordquist, Osc., Bitrag till kännedomen om Bottniska vikens och norra Östersjäns evertebratfauna. (Meddel. af. soc. pro Fauna et Flora Fennica 17. 1890).

Tafel-Erklärung.

Tafel I Figur 1. Dictyocysta elegans p.p. Möbius. . . . . . Vergrösserung 1210.
„ 2. „ „ „ „ . . . . „ 1480.
„ 3. Cyttarocylis semireticulata n. sp. . . . . . „ 900.
Tafel II Figur 1. Codonella amphorella n. sp. . . . . „ 1350.
„ 2. Codonella polymorpha (Entz ?) . . . . . . „ 1240.
„ 3. Tintinnus hastatus n. sp. . . . . „ 450.
Tafel III Figur 1. Dictyocysta templum Häckel von oben gesehen, mit Tier und Schliessapparat der Hüllhaut. „ 1480.
„ 2. Mikroskopisches Bild des Schliessapparates eines etwas schief liegenden Präparates bei 6 verschiedenen Einstellungen, wovon No. 1 die tiefste ist. Die mit No. 6 bezeichnete Strichserie stellt die Einstellung auf die Hoch-Kanten der Schliessfalten der einen, höher liegenden Seite des Schliessapparates dar.
„ 3. Dictyocysta elegans Ehrenberg mit Schliessapparat resp. Hüllhaut. „ 750.
„ 4. Aufgebrochene Schale von Dictyocysta elegans pp. Möbius mit Tier, Hüllhaut und dem das Ende der letzteren darstellenden Schliessapparate. Hüllhaut aufgebrochen, um den Situs des Tieres zu zeigen.
„ 5. Structur in einem Schalenstücke eines Exemplares von Dictyocysta elegans Ehrenberg. „ 1180.
„ 6—11. Varietäten resp. Zwischenformen von Dictyocysta elegans pp. Möbius resp. Dictyocysta templum Häckel.
„ 12. Radialschnitt durch den hinteren Gehäuseteil einer Codonella annulata Claparède & Lachmann. „ 750.
„ 13a. Tintinnus striatus n. sp. . . . . „ 220.
„ 13b. Vorderer, aufgebrochener Gehäuseteil von Tintinnus striatus n. sp. mit seiner Structur. „ 480.
„ 14. Tintinnus stelidium n. sp. „ 145.

Taf. I.

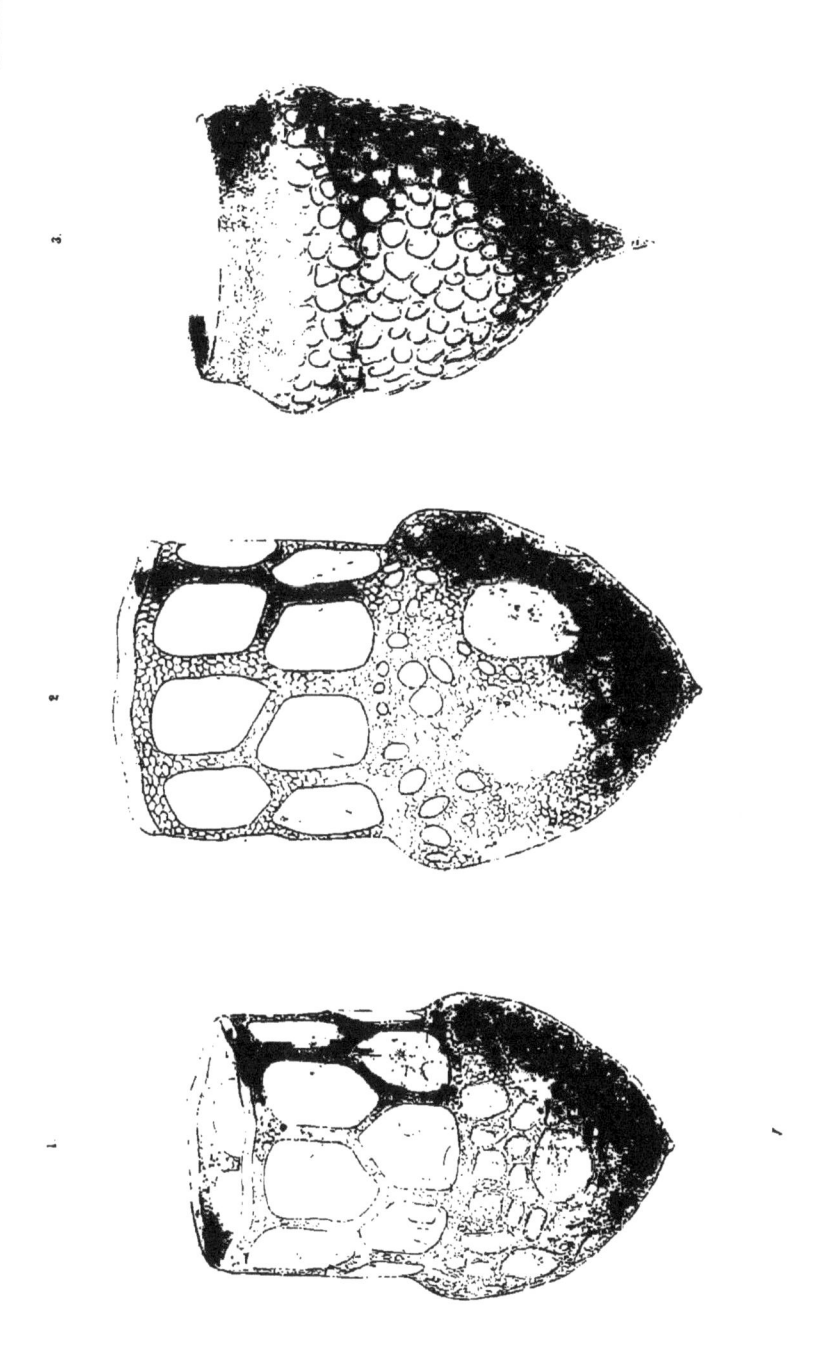

Richard Biedermann del.　　　　　　　　　　　　　Lith.v.Ernst Uebermuth Kiel

Taf. II.

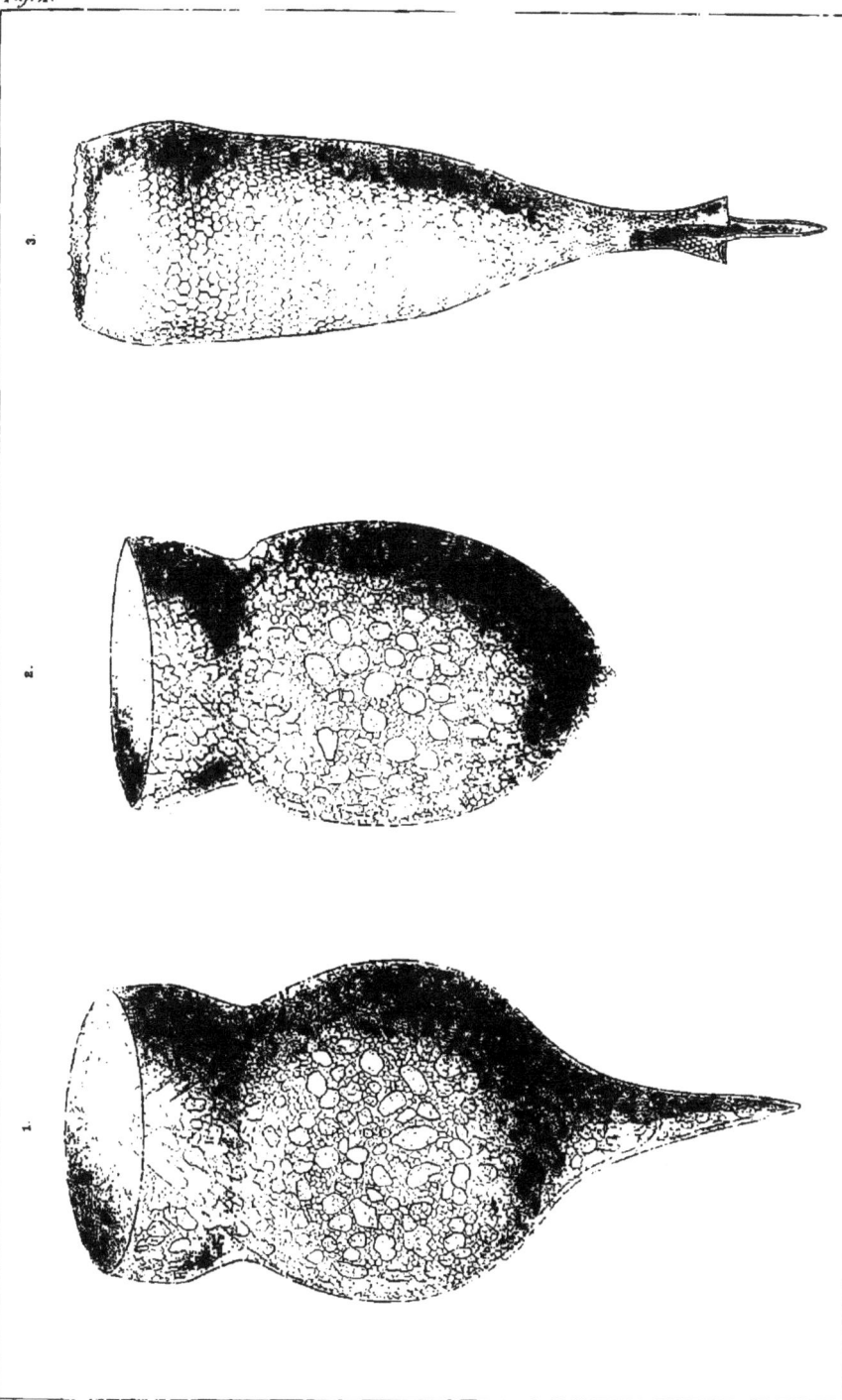

Richard Biedermann del.   Lith v. Ernst Uebermuth, Kiel

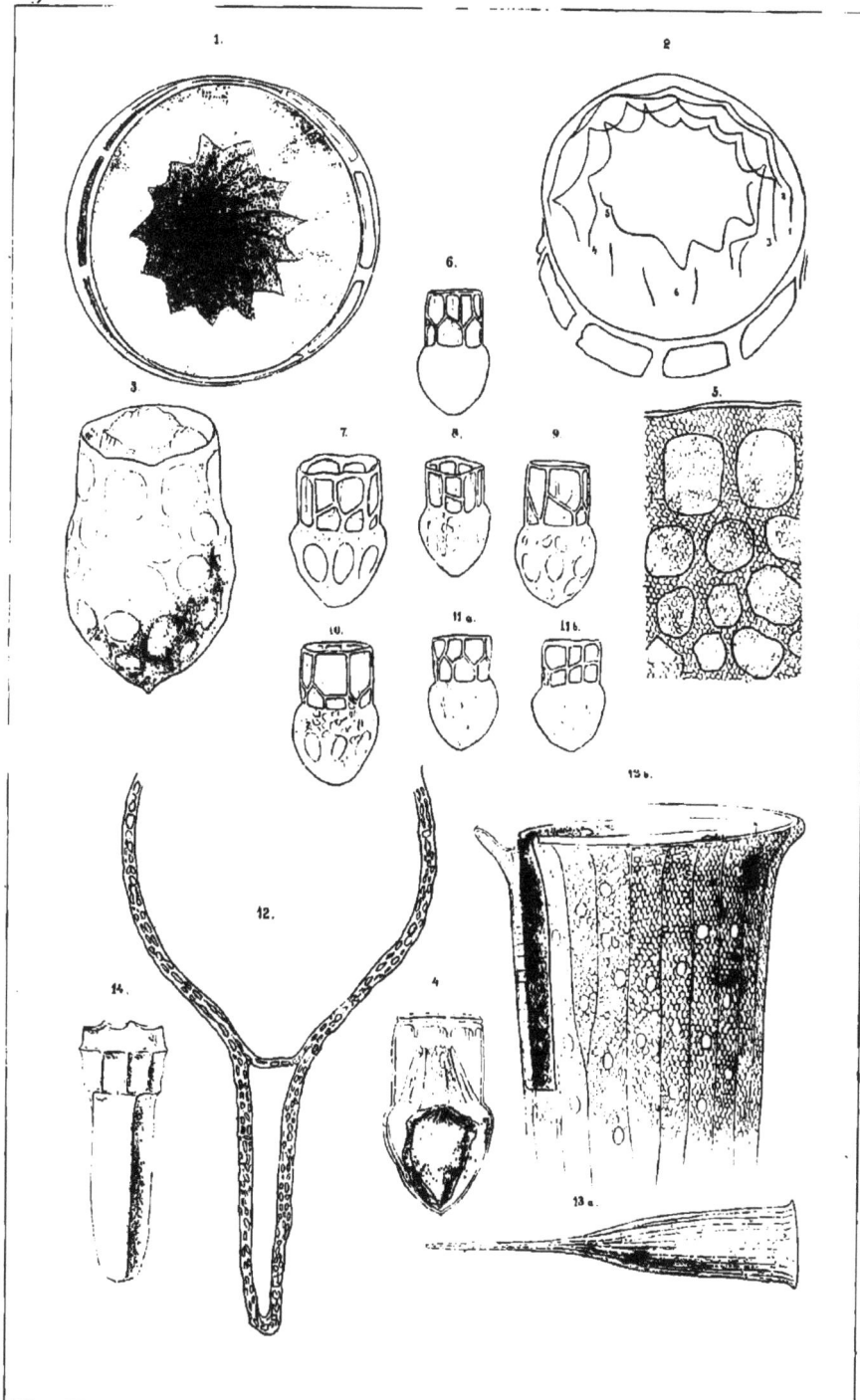